GUSTAVE TÉRY

—

JEAN JAURÈS

PARIS

SOCIÉTÉ D'ÉDITION ET DE PUBLICATIONS

Librairie Félix JUVEN

122, RUE RÉAUMUR, 122

JEAN JAURÈS

DU MÊME :

Chez Lemerre :

A ceux qui vont partir, poème dit par M. Mounet-Sully au centenaire de l'Ecole normale supérieure.

Chez Cornély :

Les Cordiçoles, étude sur le Sacré-Cœur.

Dans la collection de l'Œuvre, 6 place de l'Odéon :
Brochures à 50 centimes :

Oui ou non sommes-nous des citoyens ? (Plaidoyer devant le conseil académique).
Pour les petites filles et leurs mamans.
Le duel, farce en deux actes pour Guignol.
L'instituteur et le curé.
Le patriotisme a l'école.
Lectures patriotiques a l'usage de la jeunesse.
La « morale sans dieu ».
La pénétration pacifique.
La grande infanticide.
Pour que nos enfants se lavent, et leurs parents aussi.
Le secret maçonnique.
Laïcisons la franc-maçonnerie.
Pour la patrie, aventures ordinaires du soldat Poirot.

Pour paraître prochainement :

ARISTIDE BRIAND

PROLOGUE

Au " Château "
de Bessoulet

Je suis allé voir le citoyen Jean Jaurès dans son fameux « château » de Bessoulet... L'objet de ma visite ? C'est une histoire toute personnelle, et je m'excuserais de vous la conter, si elle ne me ménageait une nouvelle occasion de montrer le grand poète socialiste dans une attitude noble et jolie.

Car ce n'est pas la première fsio que je m'essaie à le peindre. A plusieurs reprises, dans un petit « magazine » confidentiel (1), je me suis amusé à dire pourquoi j'admire Jean Jaurès autant que je l'aime. Or, voyez quelle est mon infortune : j'ai dit cette affectueuse admiration en termes si maladroits, que cer-

---

(1) *L'Œuvre*, quatrième année, 5, place de l'Odéon Douze brochures par an. On s'y abonne pour cent sous

tains socialistes s'y sont mépris et m'ont prêté je ne sais quelles intentions de satire sournoise...

Vous me direz que cette méprise n'a pas autrement d'importance, et elle n'en aurait pas beaucoup, en effet, si je n'appartenais moi-même au parti socialiste (mon Dieu ! oui), depuis ma jeunesse la plus tendre. C'est ici que la chose devient d'une extrême gravité. M'accusant d'avoir manqué au citoyen Jaurès, la Fédération socialiste de l'Aisne m'a fait savoir qu'elle allait me mettre en jugement — sans doute sous l'inculpation de blasphème et de sacrilège. Je n'ai pas besoin d'ajouter que cela m'a fait beaucoup de chagrin. Et je n'ai rien trouvé de mieux que d'aller conter ma peine au citoyen Jaurès lui-même...

*
*   *

— Est-il vrai, lui dis-je tristement, que j'eus le malheur de vous offenser ?

Il a ri, de son bon gros rire généreux.

— Quelle plaisanterie !

— Alors, que vais-je faire ? J'ai toujours défendu avec vous, au nom du socialisme, la liberté de penser, de parler et d'écrire : en serai-je réduit, maintenant, à la défendre contre nos amis ? L'unité socialiste est-elle un dogme, et nous sera-t-il interdit, sous peine d'excommunication majeure, de formuler en toute franchise et tout haut les réflexions que nous suggère votre politique ?

— Oh ! cela ne se discute point, s'écria Jaurès; de telles pratiques sont intolérables et il ne faut pas souffrir que les fédérations se mêlent ainsi d'exercer un contrôle sur notre pensée...

— Fort bien ; mais, si je ne réponds pas à la citation, ne serai-je pas condamné par défaut ?

— Dans ce cas, vous en appellerez au congrès national.

Je ne me serais pas avisé, tout seul, de recourir à cette procédure, et j'avoue qu'elle ne me séduit pas infiniment. Je ne me vois guère allant soumettre à une assemblée nationale mes pauvres petites écritures, et prononçant des discours pour en démontrer l'innocence. Il me semble que cela redoublerait mon ennui, bien loin d'y mettre un terme, et, tout compte fait, si je devais ainsi comparaître successivement devant les diverses juridictions socialistes, je crois que j'aimerais mieux prendre un petit congé, comme le camarade Aristide Briand.

*
* *

— Figurez-vous, repris-je, que j'ai failli aggraver ma faute ; quelques lecteurs bienveillants m'ont demandé de réunir en un volume ces brochures éparses...

— Eh bien ! Pourquoi pas ?

— C'est que je suis arrêté par un autre

scrupule. J'ai mis trois années environ à faire votre portrait, et, pendant que je le faisais. . comment dirai-je ?... vous avez un peu bougé. Oui, c'est cela, vous avez bougé : si bien qu'en relisant ces pages, écrites à deux époques différentes, j'y découvre deux Jaurès qui ne sont pas moins différents : l'un, c'est le Jaurès évolutionniste, que nous avons connu sous les ministères Waldeck-Rousseau et Combes, le théoricien du réformisme, l'apologiste de Millerand ; l'autre, c'est le Jaurès révolutionnaire, qui prêche aujourd'hui l'action directe... Ces deux Jaurès, je n'arrive pas à les mettre d'accord, et mon livre ne se tient pas... Après avoir fait l'unité socialiste, voulez-vous bien m'aider à faire — ou tout au moins à voir — l'unité de votre pensée ?

*
* *

— Ai-je donc changé tant que cela ? m'a

répondu Jaurès avec bonne humeur. Au temps où le parti m'accusait de modérantisme, j'étais plus révolutionnaire qu'on ne le pensait... Rappelez-vous mes articles sur la grève générale, que je défendais avec Briand contre Guesde... De même, aujourd'hui que l'on me traite de révolutionnaire, je suis peut-être plus modéré qu'on ne l'imagine...

— Cependant, vous tenez à présent pour l'action directe ?

— Je vous répète que j'ai toujours été partisan de la grève générale.

— Permettez : n'y a-t-il pas, dans l'action directe, quelque chose de plus que dans la grève générale ? L'action directe est un genre, dont la grève générale n'est qu'une espèce. Pousseriez-vous, par exemple, l'action directe jusqu'au « sabotage moralisateur » ? Nous sommes, paraît-il, à la veille d'une grève générale de l'alimentation, et quelques camarades boulangers nous par-

lent de petits pains au pétrole et de miches
au verre pilé ; ils rêvent gentiment de nous
saboter les intestins, pour mieux fêter le
premier mai...

— Ce sont là des enfantillages.

— C'est de l'action directe ; et quand un
autre leader de la Confédération générale
du Travail propose plus simplement « d'ouvrir des boutonnières » dans les ventres
bourgeois, n'est-ce pas de l'action encore
plus directe ?

— Tout cela est puéril.

— J'aime à vous l'entendre dire ; mais
cela ne me suffit point pour réconcilier mes
deux Jaurès...

Alors, il me proposa cette solution élé-
gante :

— Y en a-t-il deux? J'ai souvent comparé
la vie socialiste à celle du cœur; elle a comme
lui ses pulsations, son rythme, ses mouvements alternés d'expansion et de contrac-
tion... Est-il surprenant d'observer, dans le

développement organique de notre pensée,
les mêmes phénomènes de diastole et de systole ? Le cœur n'est pas toujours pareil, bien
qu'il soit toujours le même...

*
* *

A ces mots, je crus reconnaître le disciple
de Hegel.

— Et puis, conclut Jaurès ; et puis...

Et puis il eut un geste, ample et vague,
apparemment pour exprimer cette idée, plus
hégélienne encore, qu'après tout les idées
sont des idées et que les hommes sont des
hommes...

Nous étions sortis, et je m'étais arrêté un
instant pour regarder autour de moi.

— Vous admirez mon château ! dit Jaurès
en riant.

Non, décidément, ce n'est pas un « château » ; il en faut rabattre de quelques tou-
relles ; mais c'est une bien jolie maison.

bourgeoise. Il y a tout autour... je ne dirai
pas un « parc », car je ne veux pas me servir de mots désobligeants ; mais enfin, il y a
des pelouses, des massifs de beaux arbres
et des allées ombreuses...

— Si le temps était clair, ajouta Jaurès,
vous verriez quelle vue ! Là-bas, on découvre un merveilleux panorama ; au fond, vous
pourriez apercevoir la cathédrale d'Albi, qui
se trouve à dix-sept kilomètres...

*
* *

Jaurès prenait un visible plaisir à me dé-
tailler les beautés du site, bien qu'il fût noyé
sous la pluie. Ces propriétaires sont tous les
mêmes.

Je comprends d'ailleurs sans peine que le
citoyen Jaurès trouve la vie bonne dans cette
demeure plaisante. N'est-ce pas la maison du
sage, que rêvait Renan, avec des roses du
Bengale autour des fenêtres ?

Et comme je regagnais la ville, il m'est
venu cette pensée — bourgeoise peut-être —
que, le jour du grand chambardement, il
serait vraiment dommage de « saboter » ces
roses-là...

Excommunié!

J'étais bien content, l'autre jour, en revenant de Bessoulet. J'étais bien content parce
que Jaurès avait résolu d'un mot le problème qui me donnait tant de souci : comment accorder les deux Jaurès qui se gour-
ment dans mon forum intérieur ?

J'avais bien songé à ces cas de double
personnalité, que nous ont souvent décrits
les psychologues modernes. Mais dans ces
phénomènes de dédoublement du moi, ils ne
voient guère qu'un signe de dégénérescence.
Décemment, pour composer mon double Jaurès, je ne pouvais recourir à cette hypothèse pathologique.

Sans doute, je m'en serais tiré en observant à mon tour que le génie n'est qu'une
névrose, — une névrose un peu spéciale,

voilà tout. Bien mieux : je me persuade que tout homme, si saine que soit sa cervelle, a pour le moins deux ou trois personnalités alternantes. Et si cette alternance nous apparaît plus nettement dans les cas morbides, elle n'en existe pas moins à l'état le plus normal.

J'irais même jusqu'à soutenir que l'ampleur et la vigueur d'un esprit croissent avec le nombre et la diversité de ces « moi » concurrents ou unifiés. Dans l'âme du poète, ils parlent chacun à leur tour, et parfois tous ensemble : un poète, c'est une symphonie.

Si j'avais le temps de m'amuser à écrire des livres sérieux, il me semble que je n'aurais pas trop de peine à vous démontrer cela, et je vous alignerais, comme on fait en Sorbonne, de beaux et bons arguments, d'ordre psychologique ou physiologique, à votre choix. Mais n'y aurait-il pas eu quelque indiscrétion pédante à soutenir une pareille

thèse, discutable comme toutes les thèses,
en prenant Jaurès comme exemple ?

Fort heureusement, l'explication si simple
qu'il avait bien voulu me fournir rendait
inutile cette démonstration délicate et pénible. Diastole, systole ! Ces deux mots me
réjouissaient l'entendement comme un rayon
de soleil. Ils dissipaient toutes les ombres,
effaçaient toutes les discordances. La vie de
Jaurès n'était pas seulement celle d'un
grand esprit, c'était celle d'un grand cœur ;
et ce grand cœur, comme tous les cœurs,
était une manière de pompe aspirante et
foulante ; il se dilatait et se resserrait tour à
tour.

Dès lors, je n'étais plus embarrassé pour
ajuster les petits morceaux de mon livre.
Je n'avais qu'à les publier tels quels, dans
leur ordre chronologique : et si leur juxta-
position faisait ressortir ces apparentes
contradictions qui m'avaient désolé tout
d'abord, le livre n'en serait que plus

« vécu », car la vie, au regard du métaphy-
sicien, est-elle autre chose qu'une contradiction réalisée ?

A ce propos, j'admirais une fois de plus
combien Jaurès est *vivant*. Et comme un
enfant s'amuse à essayer un passe-partout
dans toutes les serrures, je prenais plaisir
à justifier, par la loi du rythme, toutes les
variations de mon cher Jaurès.

Au surplus, a-t-il donc « varié » tant que
cela ? Et, dans ce mot même, n'y a-t-il pas
une impropriété qui confine à l'injustice ?

> C'est toujours une eau nouvelle
> Qui coule au lit des ruisseaux,

a dit un autre poète, Edmond Haraucourt.
C'est toujours une eau nouvelle ? Sans
doute, sans doute ; n'empêche que c'est toujours le même ruisseau. Et si des paroles
nouvelles coulent incessamment des lèvres
de Jaurès, n'est-ce pas toujours le même
Jaurès qui parle, quoi qu'il dise ?

Ainsi, je comprenais mieux cette phrase, qu'il a mise en 1899 dans l'avant-propos d'un recueil d'articles, et qui, à la première lecture, m'avait offusqué comme un excès de coquetterie :

Dès que j'ai commencé à écrire dans les journaux et à parler à la Chambre, dès 1886, le socialisme me possédait tout entier, et j'en faisais profession. Je ne dis point cela pour combattre la légende qui fait de moi un centre-gauche converti, mais simplement parce que c'est la vérité (1).

Oui, oui, certainement, c'est la vérité, la vérité vraie ; il faut être aveugle ou de mauvaise foi pour refuser d'en convenir.

En 1886, sans qu'on s'en aperçût et peut-être même sans qu'il s'en doutât lui-même, Jaurès était déjà aussi socialiste, aussi révolutionnaire qu'aujourd'hui ; mais il ne l'était encore qu' « en puissance ». Et de même,

---

(1) *Action socialiste*, p. IV.

aujourd'hui, Jaurès est aussi opportuniste
qu'il y a vingt ans ; la preuve, c'est qu'il
me disait hier encore : « *Age quod agis*,
voilà ma devise ; tout dépend de l'heure... »
Seulement, en 1886, Jaurès n'était qu'un
opportuniste timide ; à cette heure, c'est un
opportuniste un peu excité. Voilà toute la
différence ; ou, si vous préférez, en 1886,
Jaurès était dans sa première période de
systole ; maintenant, il est en pleine diastole.

Ainsi du reste. Dans la vie politique de
Jaurès, tout s'explique aussi clairement. S'il
raille, sous le ministère Waldeck-Rousseau,
« les appels déclamatoires à la violence »,
s'il prophétise que « le prolétariat arrivera
au pouvoir par l'organisation méthodique et
légale de ses propres forces sous la loi de
la démocratie et du suffrage universel »,
c'est que Jaurès est en état de systole. Si
quelques années auparavant, dans une fête
socialiste, il bondit sur une table pour y

chanter la *Carmagnole*, c'est qu'il y est porté
par un mouvement de diastole impétueux.
En revanche, s'il permet à sa femme de faire
communier sa fille dans le temps même où
il conduit les troupes socialistes à l'assaut
de l'Eglise, si — comme parlait au Comité
général un militant très mal élevé — « il
fait manger le bon Dieu à sa demoiselle pendant qu'il mange du curé », c'est, ne vous
y trompez point, par un joli sentiment de
systole, dont tous les esprits généreux et
tous les cœurs tendres ont goûté la délicatesse. Enfin, s'il marche à présent, la main
dans la main, avec Yvetot et Gustave Hervé,
s'il approuve et encourage l'action directe,
ce n'est, soyez-en sûrs, qu'un petit accès de
diastolite. Ça va lui passer tout à l'heure.

Diastole, systole... Subtiles et merveil-
leuses syllabes ! Mot de toutes les énigmes,
clef de toutes les portes ! Comme je me féli-
citais de ma visite à Jaurès, puisque j'en
rapportais cette formule magique ! Ah ! oui,

je vous jure, j'étais bien content, l'autre jour, en revenant de Bessoulet...

*
* *

Ma joie fut éphémère. En rentrant, je trouvai sur ma table une grande enveloppe rouge, couleur sang de bourgeois. Dans le haut, étaient imprimés ces signes impressionnants :

PARTI SOCIALISTE S. F. I. O. — FÉDÉRATION DE L'AISNE.

Secrétaire fédéral : A. Chobeaux,
29, rue de Crécy, Laon.

Vous devinez avec quelle émotion j'ouvris cette enveloppe, et avec quelle hâte fébrile je parcourus la lettre qu'elle contenait. Si majestueux qu'il fût, l'en-tête m'en parut de bon augure. Il était disposé comme ceci :

PARTI SOCIALISTE

*Section française de l'Internationale
ouvrière.*

FÉDÉRATION DE L'AISNE. — SECTION
DE VAUX-SOUS-LAON.

Au milieu, il y avait une vignette repré-
sentant deux mains unies. Par derrière et
au-dessus, la moitié d'un soleil émettait en
éventail un certain nombre de rayons équi-
distants et d'une longueur rigoureusement
égale. Au-dessous des mains, moutonnait
quelque chose de noirâtre, qui pouvait bien
être un nuage, à moins que ce ne fût un
monceau de ténèbres. Bien qu'à l'ordinaire
j'entende assez mal le langage symbolique,
celui-là me sembla très intelligible. Ces deux
avant-bras, qui se donnaient dans le soleil
une poignée de mains si cordiale, signifiaient

évidemment que les socialistes s'aiment bien les uns les autres, et que l'univers est comme illuminé par le rayonnement de leurs ardentes amours.

— Comment voulez-vous, me disais-je, rassuré dès l'abord par cet emblème réconfortant, comment voulez-vous que ces gens-là passent leur vie à s'excommunier les uns les autres ?

Hélas ! le coup que me portait le citoyen Chobeaux, secrétaire fédéral, n'en fut que plus douloureux. Car le citoyen Chobeaux — en m'assurant, il est vrai, de ses « amitiés fraternelles » — me portait un coup terrible. Il m'annonçait sans autres ménagements que le groupe de Vaux avait délibéré sur mon cas et que la discussion s'était terminée par ma radiation. A dater du 28 mars 1907, j'avais cessé d'appartenir au groupe de Vaux.

J'eus là, je le confesse, un moment de systole assez pénible. La lettre fatale me glissa des mains et je fis un triste retour sur ma vie de « militant ».

— O cruelle et injuste disgrâce ! me disais-je avec amertume. J'étais un petit socialiste bien sage. J'étais conscient, organisé, unifié. Depuis que je crois avoir l'âge de raison, je n'ai cessé d'appartenir au parti socialiste. Je n'ai jamais changé d'opinion, ou du moins, je n'en ai changé que dans la mesure où mon parti changeait lui-même de nom et de doctrine, — ce qui, à vrai dire, lui est arrivé plusieurs fois. Quand les nécessités ou les contingences de la vie m'obligeaient à résider dans une ville nouvelle, quand le ministre Chaumié m'envoyait en pénitence dans les plus lointaines sous-préfectures, j'oubliais parfois d'en informer la gendar-merie, comme la loi militaire l'exige impé-rieusement, mais je n'oubliais jamais de m'affilier aux groupes socialistes de la ré-gion. Je payais très exactement les cotisa-tions mensuelles fixées par le comité fédéral et le conseil national. Ayant quitté Laon depuis l'année dernière, je poussais même la conscience jusqu'à envoyer mon tribut socialiste par mandat-poste au citoyen Chobeaux. N'avais-je pas versé 6 francs encore la veille même de ma radiation ? Depuis dix ans, j'ai suivi tous les congrès du parti. Je m'y rendais toujours à mes frais, et c'était souvent très loin. J'écoutais pieusement tout ce qu'y disaient nos leaders, même quand ils disaient des bêtises ; et pas une seule fois, en dix ans, je ne me suis avisé d'y prendre la parole. Ce n'est pas que je n'eusse rien à dire ; ce n'est pas non plus que je ne sois capable de tourner ma langue dans ma bouche tout comme un autre. Mais il me paraissait plus modeste et plus profitable de recueillir les opinions des citoyens Révelin, Renaudel ou Lenormand. Après quoi, je m'en allais, avec un zèle obscur, les répandre dans les faubourgs et dans les campagnes. Je portais ma parole, comme on dit, par-

tout où l'on me demandait à l'ouïr, et mon
concours fut toujours « gracieux ». Au cours
d'une seule année, sans négliger ma classe
ni ma collaboration aux journaux d'avant-
garde, il m'arriva de faire *plus de deux cents
conférences*, et elles me conduisirent d'un
bout à l'autre du territoire, de Toulon à Dun-
kerque. Cet exploit me coûta cher : je ne
tardai pas à contracter une laryngite, dont
trois ans de silence n'ont pas encore eu raison. Ajouterai-je que la démocratie ne m'en
a su aucun gré? Non, car je puis dire avec
un brin d'orgueil que je n'ai jamais es-
compté sa reconnaissance. Si j'apprends l'histoire socialiste dans les bons auteurs, je ne
sais rien et n'ai jamais rien voulu savoir de
la géographie électorale. Parmi les militants
du parti, ne suis-je pas le seul qui n'ait
jamais accepté de candidature ? Je ne fus
de ma vie candidat à rien, pas même au
conseil municipal, pas même aux palmes
académiques. Je vous dis que je suis un

phénomène. J'allais oublier de vous apprendre que j'avais, entre temps, fondé diverses œuvres, comme la *Nature pour tous*, cette société de vacances populaires qui prétend « socialiser » la mer et le soleil, pour en donner un petit morceau à tous les prolétaires des deux sexes. Mais je n'en finirais pas de vous dire tous mes mérites. J'en ai dit assez, néanmoins, pour vous assurer comme moi dans cette conviction, que j'étais un petit socialiste bien gentil.

En retour, je ne demandais à mon parti qu'une seule chose : c'est qu'il me fût permis de penser librement, et de dire tout haut toute ma pensée. Cette liberté de penser, je l'avais revendiquée et défendue de toutes manières, au temps où les ministres de l'instruction publique cherchaient des noises aux professeurs et instituteurs socialistes. C'est pour avoir affirmé mon droit de tenir des propos raisonnables dans les Bourses du travail, que j'eus l'honneur d'être déféré au conseil académique de Lyon et au conseil supérieur de l'instruction publique (où l'ami Briand plaida ma cause, et, d'ailleurs, la perdit brillamment).

Mesurez-vous bien, maintenant, l'étendue et la profondeur de mon désespoir ? Quoi ! j'avais été en butte aux persécutions des Leygues et des Chaumié parce que j'avais eu la langue trop longue, et, maintenant, c'étaient mes camarades socialistes qui émettaient la prétention de me la raccourcir ?

Et pourquoi, Dieu du ciel ? Parce que j'avais publié une pauvre petite brochure où je suppliais humblement Jaurès de « redevenir jauressiste » (1). Notez que je l'avais prié de me faire ce plaisir dans les termes les plus respectueux et, tout ensemble, les plus affectueux. Notez aussi que cet infortuné libelle faisait suite à deux ou trois opuscules, où je chantais passionnément les

---

(1) Elle forme le chapitre VIII de ce livre.

louanges de Jean Jaurès. Pour vous en convaincre, il vous suffira d'ouvrir au hasard
ce volume, où j'ai réuni, sans y changer un
mot, ces petits dithyrambes, dont l'enthousiasme n'a d'égal que la candeur. Nous pou-
vons noter encore, sans calomnier mon
parti, que l'on n'a pas coutume de chercher
dans les comptes rendus des congrès socialistes les plus purs modèles de l'éloquence
parlementaire et de la courtoisie académique. J'ai vu, dans nos assemblées, des questions de tactique controversées à coups de
poing ; et, si j'ai bonne mémoire, le différend
qui s'éleva, en 1900, entre les partisans de
Guesde et ceux de Jaurès, fut tranché par
un coup de couteau (1). J'ai trop le sentiment de la discipline et le respect des traditions révolutionnaires pour insinuer que ces

---

(1) Voir le compte-rendu sténographique officiel du
deuxième congrès des organisations socialistes françaises,
p. 158. Lorsque l'incident se produisit, le citoyen Aristide
Briand était à la tribune, et, grossièrement insulté par le

procédés de polémique dépassaient parfois
la mesure. Si je rappelle ces précédents,
c'est seulement pour m'étonner de la sus-
ceptibilité imprévue dont fait montre le
groupe de Vaux en fulminant contre moi
l'anathème, parce que je me suis permis de
faire timidement quelques réserves sur la
nouvelle politique de Jaurès.

Aussi bien, je serais curieux de savoir ce
que me reproche exactement le groupe de
Vaux : est-ce de n'avoir pas considéré
comme paroles d'évangile les propos que
tient Jaurès en 1907 ? Est-ce, au contraire,
d'être resté trop fidèle au Jaurès de 1903 ?
Est-ce mon panégyrique du Jaurès évolutionniste ou ma critique du Jaurès révolutionnaire qui vaut à ce livre le funeste hon-

---

camarade Lafargue, qui était allé jusqu'à le traiter de
« monsieur », le citoyen Briand lui avait répondu verte-
ment :

« Ce monsieur vaut bien le millionnaire Lafargue qui
passe sa vie dans un château et qui n'en sort que pour
venir jouer les démagogues dans les congrès socialistes. »

neur d'être interdit comme pernicieux par la sacrée Fédération de l'Index ?

Mais, au risque de le voir condamné la prochaine fois à être brûlé en place de Grève par la main du bourreau socialiste, au risque de monter moi-même sur le premier bûcher que rallumera le Saint-Office de l'Inquisition révolutionnaire, il faut que j'achève de dire ici toute ma désolation ; il faut que je demande au groupe de Vaux et à la Fédération de l'Aisne, il faut que je demande à tous les socialistes, capables de parler et d'entendre raison, ce que je puis répondre maintenant aux bourgeois qui nous accusent de cléricalisme.

— Voyez, diront-ils, cette nouvelle marque d'intolérance. Si le parti socialiste prétend détruire l'Eglise catholique, n'est-ce pas qu'il aspire à la remplacer ?

Et je tremble qu'ils n'ajoutent :

— Qu'est-ce que nous raconte donc M. Jaurès lorsqu'il ose prétendre que

« toutes les divergences d'opinion peuvent
se manifester librement au sein du parti socialiste unifié »? Que, s'il n'est pas d'accord
avec Gustave Hervé sur quelques menues
questions très secondaires, comme celles de
la République et de la patrie, cela ne l'empêche nullement de s'entendre avec lui pour
diriger le parti? Oui, sans doute, nous
voyòns bien que Gustave Hervé peut soutenir impunément les plus ineptes paradoxes;
mais nous voyons aussi que l'on ne reconnaît pas à Gustave Téry le droit de les trouver ineptes. Si l'on témoigne à l'un tant d'indulgence et à l'autre tant de rigueur, n'est-
ce pas la preuve que l'hervéisme est la véritable doctrine du parti, et que M. Gustave
Hervé en est le directeur « spirituel », si
l'on peut ainsi dire ?

Là-dessus, j'entends M. Maurice Spronck
qui va conclure :

— En somme, ils vous ont f...ichu à la
porte de la cité future. Et c'est tout juste

si Gustave Hervé ne vous a pas défendu de vous appeler aussi Gustave. Que deviendriez-vous, mon pauvre homme, s'il n'y avait plus de société bourgeoise pour vous recueillir ? Convenez qu'elle a du bon...

Dites, camarades, je vous en prie : que voulez-vous que je réponde ?

Je charge le citoyen Jaurès de le demander pour moi au prochain congrès national. Car ne croyez pas que je m'incline devant la sentence du groupe de Vaux ; non, non, suivant le conseil que m'a donné Jaurès, j'en appelle à la Cour suprême, et c'est tout naturellement au citoyen Jaurès que je commets le soin de plaider ma cause.

S'il la perd, malgré toute son éloquence, il faudra bien que je me résigne à n'être plus qu'un *socialiste libre*. Et, sera-ce de ma faute, si ces deux mots jurent ensemble ?

1er mai 1907

PREMIÈRE PARTIE

LA SYSTOLE

Jaurès est élu

(Hymne triomphal) (1)

Cette soirée du 27 avril 1902 fut composée comme un drame. Le sujet ? Un épisode de la lutte éternelle entre le Génie de la Lumière et le Génie des Ténèbres, le duel d'Ormuzd et d'Ahriman. Ormuzd, c'était la République ; Ahriman, c'était l'Eglise. L'avenir de la France se jouait sur une carte électorale.

Et nous étions là dix mille, accourus à la *Petite République* pour savoir plus tôt les résultats, le dénouement ; nous étions là dix mille, secoués de la même angoisse, palpitant de la même espérance ; dix mille in-

---

(1) Je ne reproduis ce vieil article — d'un thuriféraire exalté — que pour mieux faire éclater la déplorable erreur judiciaire commise par le groupe de Vaux. Dire que je fus jauressiste au point d'insulter aux mânes du vénérable Anacharsis Clootz!

connus qui, sans qu'il fût besoin d'échanger une parole, se découvraient la même âme, le même idéal, dix mille frères.

Les premières nouvelles furent sinistres.

Syveton, Berry, Millevoye, Roche sont élus... Millerand, Viviani, Deville en ballottage... Brisson, Gras, Groussier restent sur le carreau...

Nous étions déjà consternés. On parlait comme dans la chambre d'un mort. Seul, un « malin » déclarait, avec un accent de triomphe :

— Je vous l'avais bien dit ! Vous n'avez pas voulu prendre le nationalisme au sérieux ; c'est bien fait...

Etait-ce la déroute ?

Je gagnai la fenêtre. Un nuage lourd obscurcissait le couchant. Et je crus voir là-haut, sur la colline, le Sacré-Cœur qui a la forme symbolique d'un éteignoir ; il glissait tout le long de la pente, comme s'il était poussé par quelque invisible main, comme s'il allait choir sur la Ville-Lumière, pour l'éteindre à tout jamais...

Mais voici des nouvelles réconfortantes. Là-bas, dans les faubourgs, le peuple tient bon. Rouanet, Cardet, Bagnol, Meslier triompheront à la seconde épreuve, et les électeurs de Ferdinand Buisson vont enfin nous faire un ministre de l'Instruction publique...

Dans les salles de rédaction, dans les escaliers, dans la rue, on n'entend plus que des cris d'allégresse. Les sergots, les gardes républicains sont accourus en foule. Evidemment, ce ne peut être que pour prendre part à la joie générale. Les braves gens, qui n'ont pas eu peur de se compromettre !

C'est extraordinaire comme le socialisme fait des progrès dans la garde républicaine et dans les brigades centrales... Il est vrai que M. Lépine lui-même donne le bon exemple. Il se promène, plus agité que de coutume. Et diligemment, avec une remarquable compétence, il organise une joyeuse émeute.

Tiens ! encore des sergots ?... Ah ça ! ils sont donc tous socialistes ? Au bout de la rue j'aperçois d'autres gens d'armes, d'autres gardes républicains... En somme, puisqu'ils gardent la République, faut-il s'étonner qu'ils soient républicains ? Je comprends qu'ils s'intéressent aux élections. Mais pourquoi diable ont-ils amené leurs chevaux ? Vont-ils nous offrir tout à l'heure le spectacle d'une fantasia ou d'un carrousel ?

Les nouvelles de province sont excellentes. Et le « malin » s'écrie, toujours triomphant :

— Je vous l'avais bien dit ! La province ne pouvait pas prendre le nationalisme au sérieux...

On commence à voir clair, et lentement la victoire se dessine. Ce n'est pas encore aujourd'hui que Marianne épousera Flamidien.

*
* *

Jamais je n'ai mieux senti que ce soir de bataille la vanité des discussions théoriques. Etes-vous révolutionnaire? Etes-vous évolutionniste? Etes-vous évolutionnaire, ou révolutionniste? Etes-vous de l'école qui dit : « Mieux vaut douceur... » ou de l'école qui pense : « La révolution, c'est quand on fait *poum !* » ?

Ce soir, ça nous est égal ; nous sommes de l'école qui marche. Evolution ? Révolution ? Les deux mots sont deux mots. J'ai ouï dire que l'évolution géologique fut une série d'effroyables cataclysmes qui bouleversèrent la surface du globe ; et d'autre part, à l'origine, le terme de révolution ne désigna que le progrès des sphères éternelles à travers l'espace infini, c'est-à-dire le mouvement le plus doux, le plus harmonieux et le plus conservateur de la Nature...

Jamais je n'ai mieux senti que cette nuit-

là, — cette nuit d'attente, d'incertitude et de
fièvre, — à quel point nous sommes le jouet
des forces obscures, incommensurables, qui
mènent les choses et les hommes. Et voici
qu'en essayant de noter cette impression, je
songe à la phrase macabre, d'une horreur
et d'une ironie sublimes, que j'ai lue l'autre
jour dans le *Temps* : « Saint-Pierre était le
centre de la 2ᵉ circonscription de la Marti-
nique, qui avait un député à élire au scrutin
de ballottage ; l'élection se trouve naturellement suspendue... »

Naturellement ! Est-ce du Marck Twain ou
du Shakespeare ?

Un peu plus loin, il était question d'une
lettre écrite par un citoyen de Saint-Pierre
à un négociant de Marseille, lettre datée
du 23 avril, qui mentionnait comme un détail sans importance le fait que la Montagne
Pelée s'était mise à fumer. Et, en plaisan-
tant, le citoyen de Saint-Pierre expliquait le
phénomène comme une conséquence toute

« naturelle » de l'agitation électorale, si ardente qu'elle en est capable de rallumer les volcans éteints.

Assurément, pour le signataire de cette lettre, la loi électorale avait infiniment plus d'intérêt que les lois de la nature. Il a fallu que la nature prît la peine de remettre les choses au point et de donner tout son sens au mot de M. Perrichon sur la petitesse de l'homme « contemplé du haut de la mer de glace ». Etes-vous bien sûr qu'au pied de la Montagne Pelée il y ait une différence très sensible entre M. Prudhomme et Pascal ?

Cet épouvantable cataclysme qui, s'il faut en croire le *Temps*, a tout « naturellement » suspendu l'élection de Saint-Pierre, nous a rappelé soudain que dans l'ensemble de l'évolution cosmique, la lutte passionnée autour des boîtes électorales a tout juste l'intérêt d'un petit jeu de fourmis. Et pourtant l'homme d'Etat, le sociologue, qui ratiocinent et dissertent sur les mystères de la politique, tous les théoriciens, tous les doctrinaires, tous les « malins » qui croient tenir la clef des énigmes et se flattent de paître les peuples, se trouvent en face du suffrage universel, de ses erreurs et de ses caprices, aussi aveugles, aussi ignorants, aussi désarmés, aussi petits, que le citoyen de Saint-Pierre au pied de la Montagne Pelée...

De quoi demain sera-t-il fait ? Est-ce une terrible éruption volcanique, est-ce un perpétuel printemps, est-ce du sang ou des roses que nous réserve l'avenir ? Savons-nous mieux le secret des lois sociologiques que celui des lois naturelles ?

*
* *

De temps à autre, un cri monte de la rue :

— Et Jaurès ?

Il est minuit, et nous ne savons rien encore, ou du moins ce qu'on sait n'est qu'à moitié rassurant. La même anxiété se peint sur tous les visages, sur ces milliers de

faces levées, dont tous les regards conver-
gent sur le carré lumineux du transparent...
Tous ces amis sont là depuis sept heures,
et ils ne s'en iront pas avant de savoir
comment ont voté les mineurs de Carmaux...

— Et Jaurès ?

Il y a, dans ces mille voix inconnues et
fraternelles, une émotion, une inquiétude,
une tendresse inexprimables. Tout le long de
la rue, c'est le même vœu que forment tous
les cœurs, le même courant de sympathie
dont les sbires eux-mêmes ont l'air de ressentir le frisson ; et c'est tantôt comme une
immense et fervente prière, tantôt comme
une impérieuse suggestion, qui semble for-
cer la main à la Destinée...

— Et Jaurès?

J'ai connu là toute la grandeur d'un
homme. Ah ! quel est donc l'imbécile, le médiocre ou le raté, qui a dit un jour cette parole venimeuse : « Peuple, guéris-toi des

individus » ? De quel cerveau loux est issue
cette basse conception de l'égalité dans l'impuissance et dans le néant ? Que seriez-vous,
arrière-neveux de l'anthropopithèque, si l'humanité s'était guérie des individus qui s'ap-
pelèrent Jésus, Descartes, Voltaire et Mira-
beau ?

Non, ne croyez pas que le peuple idéal soit
une masse amorphe, gélatineuse, quelconque, une pâte fade et sans levain, une ar-
gile vierge et morte, qu'aucune main puissante ne doit jamais pétrir. « Ni Dieu, ni
maître ! » Soit ; mais ce confondez pas
maître avec le guide. Tâchez seulement de
choisir ceux qui vous mènent ; ne prenez pas
le boucher pour un pasteur, ni le sabre pour
un individu... Et si vous avez la chance de
rencontrer un bel exemplaire d'humanité,
qu'il soit pour vous le modèle et non la cible.
Efforcez-vous d'être un autre « individu »
pareil à lui ; soyons tous des individus. La
société ne vaut que ce qu'ils valent...

✳
✳ ✳

Je n'ai jamais pu savoir qui nous apporta
la bonne nouvelle. Elle nous arriva, comme
tombée du ciel, dix minutes avant la dépêche
d'Albi. Mais tout à coup ce fut une certitude,
et l'on eût dit que d'eux-mêmes ces petits
mots étaient venus s'inscrire sur le transparent :

— *Jaurès élu...*

Il y eut une seconde de silence, le soupir
d'une multitude. Puis ce fut une formidable
clameur dont la Ville frémit, une marée hu-
maine qui se rua sur la chaussée. Les sergents de ville, les gardes et leurs chevaux
furent emportés, roulés dans cet ouragan
de joie. Les chapeaux et les cannes, agités
au-dessus de mille têtes éperdues, mar-
quaient la crête des vagues. Un vieillard
esquissait une gigue au milieu du carrefour ;
des jeunes filles lançaient des fleurs aux
étoiles... Et cela dura dix minutes. Puis le
transparent dit : « C'est tout. »

mai 1902

L'Universitaire

J'ai une bonne amie qui est passionnément éprise de Jaurès. Ce n'est pas assez
dire qu'elle l'aime ; vraiment, elle l'adore,
et donnez au mot son sens le plus religieux,
le plus mystique.

Au milieu de son home, à la place d'honneur, elle a disposé le portrait de Jaurès
sur une petite table, qui ressemble à un au-
tel. A droite et à gauche, deux vases, dont
les fleurs sont toujours fraîches ; je crois
même qu'il y a aussi, à côté de la table, une
veilleuse de cristal rose, comme on en voit
dans les églises, devant le tabernacle ; et je
ne serais pas étonné d'apprendre qu'en ve-
nant l'allumer chaque soir ma bonne amie
s'agenouille et fait sa prière en ces termes :

« O bien-aimé ! Jaurès très grand, très
bon, très fort, très doux, daigne regarder

ta servante ; Jaurès, fais mon esprit clair et
mon cœur pur... »

Si je ne suis pas jaloux de cette passion
incandescente, ce n'est point parce que ma
bonne amie aura tantôt soixante-dix printemps (1) ; c'est parce que je partage, si je
puis dire, ses folles amours. Ou, s'il vous
plaît mieux, nous nous aimons, nous commu-
nions en Jaurès. Ainsi sainte Delphine donnait rendez-vous à saint Elzéar dans le cœur
sacré de Jésus. Toutes les fois que Jaurès
a fait quelque chose d'extraordinaire, ce qui
lui arrive souvent, ou même quand il n'a
rien fait, ce qui est rare, nous nous retrou-
vons dans un lieu désert, ma bonne amie et

---

(1) Pourquoi ne nommerais-je pas mon excellente amie,
ma « belle-maman » Marie Bonnevial, la plus intrépide et
la plus gracieuse militante du féminisme socialiste? Quand
elle lut ceci, elle me reprocha seulement avec un petit
soupir — pour être féministe on n'en est pas moins femme
— de l'avoir un peu vieillie. C'est vrai. Pour être socialiste, on n'en est pas moins galant: il suffit d'écouter cinq
minutes la charmante citoyenne pour respirer sur ses
lèvres le parfum d'une jeunesse perpétuelle.

moi, pour échanger sans pudeur nos impressions délirantes ; les mots nous manquent, comme à tous les amants véritables, et nous prenons notre plaisir à pousser ensemble de petits gloussements d'enthousiasme. Quand nous sommes séparés, nous nous envoyons l'un à l'autre des messages qui ont toujours le même objet — l'objet aimé — et qui reviennent tous à dire : « Hein ? Crois-tu ? »

J'ai confié naguère à Sembat que le jour où nous aurions achevé notre besogne laïcisatrice, il me resterait encore à me laïciser l'esprit, car il y demeure une dernière idole. Sembat s'est mis à rire, parce qu'il ne croit plus à rien de surnaturel, pas même à la divinité de Jean Jaurès. Moi, j'ai le bonheur d'y croire, et il sied que dès l'abord je vous en prévienne loyalement. De la sorte, vous ne serez pas surpris de ne trouver ici rien qui ressemble à ce qu'on nomme une « étude critique ». J'ai dessein de vous montrer Jaurès, non tel qu'il est peut-être, mais tel que je le découvre, avec les yeux de la foi.

Aussi bien, qui aurait la prétention de nous le peindre au naturel ? Quelque part, Descartes compare son Dieu à une montagne, que l'on peut toucher de la main, mais que l'on ne saurait embrasser. Tel est Jaurès. Nul ne saurait embrasser tout cet homme. C'est un infini, quelque chose comme le cinquième élément... Je bornerai donc ma tâche humble à essayer de vous dire, au risque de le désobliger, comment et pourquoi je l'aime.

*
* *

Dois-je m'en excuser ? Si je regarde Jaurès de cet œil superstitieux, c'est principalement la faute de ceux qui m'ont donné de l'éducation. Dès mon âge tendre, ils me l'ont représenté comme le Diable ; et voilà pourquoi, sans doute, lorsque je l'ai connu, par une inversion d'optique, il m'est apparu sous une espèce semi-divine. Puisque ce n'était pas un démon, ce ne pouvait être qu'un archange, ou, à tout le moins, un « surhomme ».

Par une rencontre dont je tire quelque fierté, bien que je n'y aie aucun mérite, il advint que, dans la jeunesse de Jaurès et la mienne, le même excellent vieillard joua le même rôle, quasiment providentiel. Je faisais, en un petit collège provincial, de médiocres et mornes études, lorsqu'un jour M. le Principal nous annonça la visite d'un personnage considérable, qui inspectait généralement l'Instruction publique. En daignant nous venir voir, ce considérable personnage nous faisait un considérable honneur, car les inspecteurs généraux, au cours de leur tournée, n'avaient pas coutume de s'arrêter dans nos petits collèges. Je ne sais si M. le Principal en concevait moins d'orgueil que d'effroi, mais il est certain qu'il en était fort ému. Heureusement, M. l'Inspecteur nous avait annoncé sa venue quelques jours d'avance, ce qui indiquait des dispositions plutôt favorables ; et pour qu'il se rendît mieux compte de notre valeur, nous recommencions chaque matin le devoir qui devait lui être soumis. Nous fîmes ainsi, toute la semaine, la répétition générale de l'inspection générale. En outre, pour recevoir plus dignement le haut dignitaire, M. le Principal me commanda une cantate.

J'étais, en effet, le « poète » de la maison, et toutes les fois qu'il y venait un monsieur de marque, le Principal me commettait le soin de célébrer sa gloire. C'est ainsi qu'indifféremment et tour à tour je chantais monsieur le sous-préfet ou monseigneur l'évêque. Indifféremment ? A vrai dire, j'aimais mieux rendre hommage à monsieur le sous-préfet, non par une inconvenante préférence pour le pouvoir civil, mais pour une raison d'ordre tout poétique : c'est que « monsieur

le sous-préfet » remplissait exactement l'hé-
mistiche, tandis qu'il manquait un pied à
« monseigneur l'évêque ». En sorte que j'é-
tais obligé, ne pouvant saluer le prélat en
pentamètres badins, de recourir, pour boucher le trou, à des interjections assurément
lyriques, mais superflues. « Ah ! Monseigneur l'évêque... Oh ! Monseigneur l'évêque... » J'aurais d'ailleurs éprouvé le même
embarras avec Monsieur le préfet.

L'Inspecteur général — c'était M. Félix
Deltour — écouta ma cantate sans musique
avec une insigne bienveillance, hochant sa
tête chenue avec des mouvements du cou
prestes et jolis, comme en ont les petits oiseaux. Nous apprîmes qu'il se connaissait
très bien en vers français, car il avait eu
pour élève Sully-Prudhomme. C'est pourquoi
mon hymne lui parut remarquable, vu mon
âge. Et il jugea qu'il m'était nécessaire, pour
devenir à mon tour un grand poète, de me
préparer à l'Ecole Normale.

Il faut dire qu'en ce temps-là M. Félix Deltour était le plus diligent pourvoyeur du grand séminaire de l'Université. Il parcourait les provinces, recrutant des forts en thème et des « sujets d'espérance », comme les émissaires de M. Dupanloup, vers 1840, amenaient à Paris de jeunes clercs pour suivre les cours de Saint-Nicolas-du-Chardonnet. C'est ainsi que l'inspecteur général avait distingué le jeune Jaurès, élève au collège de Castres, et... qu'il en gardait un ineffaçable remords.

Car M. Félix Deltour était un fieffé réactionnaire. Il ne lui suffisait pas d'être clérical et de communier avec une courageuse ostentation ; il rêvait encore de rétablir sur le trône de France un prince de la maison d'Orléans. Ce qui ne l'empêchait pas d'être le meilleur homme que j'aie rencontré sur ma route, avant Jaurès. Mais comment, sans se renier lui-même, aurait-il pu comprendre Jaurès ? Et quelle ironie de la destinée rapprocha ces deux êtres, d'apparence si diverse ?

Le bon M. Deltour avait placé le petit Jaurès au collège Sainte-Barbe ; il le faisait sortir chaque dimanche et le choyait comme un fils adoptif. Quelle ne fut pas sa joie, lorsque l'élève Jaurès moissonna toutes les couronnes du grand concours, fut reçu le premier à l'Ecole Normale, et le premier encore à la licence, et le premier toujours à l'agrégation !

C'était, il est vrai, l'agrégation de philosophie, et le vieil humaniste dut en ressentir un commencement d'inquiétude, car la philosophie ne lui disait plus rien qui vaille, depuis la mort de M. Royer-Collard. L'inquiétude devint de l'angoisse, lorsqu'il vit le jeune professeur « se lancer dans la politique », comme disent nos vieux maîtres. Dès lors, le pauvre père Deltour suivit d'un regard effaré les dérèglements de son fils prodigue, avec la stupeur comique et touchante d'un cygne qui a couvé un aigle...

De même, il m'avait fait entrer à Sainte-Barbe ; de même, il me faisait sortir chaque dimanche et me traitait comme son enfant. Nous lisions ensemble les bons auteurs, et parfois, quand il avait répandu sur un beau vers de Virgile ou d'Homère quelques larmes d'admiration, car il avait le cœur exquisement sensible, il s'abîmait dans une rêverie profonde, dont je n'osais le distraire ; et je l'entendais murmurer tristement :

— *Il* a voté l'exil des princes !

Je ne savais pas encore de qui parlait mon bon maître, ni même de quels princes il retournait ; mais il en parlait d'un tel accent, que j'étais incontinent saisi d'horreur. J'appris par la suite qu'il s'agissait d'un nommé Jaurès, qui avait été son disciple le plus cher et qui avait déçu toutes ses espérances, au point d'entrer à la Chambre tout exprès pour condamner les princes à l'exil.

— Lui, le neveu de l'amiral Jaurès !

Je ne savais pas non plus, et je ne sais pas encore présentement à quoi faisait allusion cet autre reproche ; mais je n'avais pas besoin de le savoir pour être convaincu que ce Jaurès était un monstre d'ingratitude, aussi odieux que les sinistres conventionnels qui avaient envoyé Louis XVI à l'échafaud ; car j'oubliais étourdiment que le père même de Louis-Philippe comptait parmi ces bandits...

— Un enfant si bien doué, qui aurait pu faire tant d'honneur à l'Université ! Et il a voté l'exil des princes !

Même en devenant socialiste, Jaurès ne pouvait descendre plus bas, et j'appris par la suite sans étonnement qu'il avait coutume de danser la carmagnole sur les tables avec des hétaïres. Comment imaginais-je, de bonne foi, que toutes les manifestations révolutionnaires de Jaurès s'achevaient dans les plus crapuleuses débauches ? Sans doute

parce que mon bon maître m'avait également
mis en garde contre les embûches des pros-
tituées, qu'il me laissait entrevoir comme
l'autre truchement du Malin, en sorte qu'à
mes yeux prévenus les débordements du socialisme se confondaient avec ceux de la
luxure...

*
* *

Or, il arriva qu'un jour, comme nous
achevions de déjeuner, Mme Deltour — qui
me témoignait pareillement une sollicitude
maternelle — poussa un cri comme si elle
se trouvait mal, et me désignant à son mari
d'un doigt qui tremblait, elle exhala ces paroles poignantes :

— Vois donc, Félix : *il mange son fromage comme Jaurès !*

A ces mots, nous nous regardâmes tous
les trois, atterrés, et la bonne Zizi, la gou-
vernante, faillit en laisser choir une pile
d'assiettes. En effet, mon fromage étant de

Gruyère, je le mangeais comme à « mon quatre heures », dans la cour de Sainte-Barbe, c'est-à-dire que je tenais d'une main le petit cube de fromage, de l'autre le quignon de pain, et que je les mordais tour à tour, une petite bouchée de ci, une grosse bouchée de là, avec une faim innocente et joyeuse, ignorant les procédés médiats dont on use à la table des princes.

— Oh ! fit M. Deltour, d'une voix altérée.

Et sans doute, vérifiant le fait, il se demandait quel présage il était raisonnable d'en déduire. Cependant, l'émotion bien·naturelle des trois vieillards m'avait coupé l'appétit. En vain, j'entrepris de m'expliquer, de me disculper : il était indéniable que je mangeais mon fromage avec mes doigts, et que l'élève Jaurès, il y avait de cela quinze ans, l'avait mangé de même, à cette même table, à cette même place, peut-être dans la même assiette, ou plutôt devant, avec la même ingénuité ; et si ce n'était pas du même fromage, était-ce bien une circonstance atténuante ? Je sentais peser sur moi le regard navré de la bonne vieille Zizi, et c'était comme si, ce jour-là, le diable m'avait marqué au front de son pouce crochu. « Il mange son fromage comme Jaurès ! » J'en pleurai, de désespoir et de honte...

Mme Deltour n'avait pas eu tort d'attacher à ce mince détail une importance telle, puisque l'événement confirma ses appréhensions secrètes ; et il convient d'admirer ici, une fois de plus, la délicatesse et la sûreté des intuitions féminines. Je me réjouis que le Créateur de toutes choses ait rappelé auprès de lui cette mère excellente, et véritablement angélique, assez tôt pour lui épargner le spectacle de mes égarements. N'est-ce pas trop, hélas ! d'avoir assombri les derniers jours de mon bienfaiteur et mis le comble à sa peine ?

Quelques années plus tard, lorsque je dus

lui confesser que j'avais perdu la foi et que je n'allais plus à la messe, il me regarda douloureusement et me dit avec amertume :

— Ma femme ne s'était pas trompée : j'ai grand peur, mon ami, que vous ne finissiez comme Jaurès !

Car le vieillard, estimant peu son fils prodigue, était capable d'admettre que l'on pût faire ainsi des Jaurès à la douzaine. Mais déjà j'étais assez corrompu par de mauvaises lectures et de pernicieuses fréquentations, pour m'enorgueillir de lui inspirer cette crainte vaine...

*
* *

J'ignore à cette heure si notre cher et vénéré père Deltour est allé rejoindre sa digne compagne au Paradis, où leur place était sûrement marquée, côte à côte ; car si je ne crois plus à l'Enfer, qui serait une institution encore plus inutile que vilaine, il me plaît de rêver qu'il doit y avoir un paradis, non pour tous ceux qui peuvent y croire, mais pour ceux qui le méritent, comme Louise Michel, par exemple, ou Félix Deltour. S'il n'y en a pas, c'est dommage, et c'est même injuste.

J'ignore, dis-je, si mon bon maître est encore en vie, et assez vivant pour s'affliger de mes erreurs ; car elles m'ont insensiblement détourné de sa voie, et si je me retrouvais en sa compagnie, je souffrirais plus que lui de ne pouvoir le convaincre que, malgré mon affiliation aux sectes antichrétiennes, je ne suis pas non plus un monstre d'ingratitude.

Pour peu qu'il fût capable de m'entendre encore, réussirais-je à le persuader que la part qu'il eut au destin de Jaurès lui fait autant d'honneur en vérité, et même davantage, que sa thèse, si honorable pourtant, sur les ennemis de Racine ? Et aurais-je ainsi la consolation de verser un baume sur les blessures de son cœur, que j'ai rouvertes, hélas ! et peut-être même élargies ?

*
*   *

Je l'étonnerais fort sans doute en lui re-
montrant — et ce ne serait pas un pieux
mensonge — que Jaurès n'a pas cessé d'ê-
tre son fils spirituel.

Que dis-je ? Bien qu'il soit difficile de concevoir deux êtres d'aspect plus dissemblable, il y a des moments où Jaurès — oui,
vraiment, — ressemble à M. Deltour.

De notre vieux maître, Jaurès a gardé
des gestes menus, des intonations tendres,
de bons rires clairs, des tics, des façons de
regarder, d'écouter, d'approuver, de mar-
quer sa sympathie. Et, tenez, justement,
cette manière qu'avait le vieil inspecteur de
hocher la tête et de la faire virer sur le cou,
avec des mouvements prestes et jolis, comme
en ont les oiseaux, Jaurès l'a. Ne dites pas
que c'est impossible, parce que le père Deltour avait en effet un cou d'oiseau, tandis

que Jaurès, comme le nota Jules Lemaître, a
un cou de taureau...

(En passant, je ne m'explique guère pourquoi Lemaître essaya de glisser en cette remarque juste une intention maligne. N'est-
ce pas, on a le cou qu'on peut. Un observa-
teur a fort bien vu que tous les hommes —
et aussi, ne leur en déplaise, les femmes —
ont l'allure et les traits de quelque animal
plus ou moins plaisant à voir, ce qui con-
firme évidemment les théories transformis-
tes. Voilà comment il y a des hommes qui
sont des taureaux, comme Jaurès, et il y en
a d'autres qui sont naturellement « va-
ches ».)

Quoi qu'il en soit de son cou, je vous assure que Jaurès porte sa tête comme le père
Deltour, qu'il l'incline, l'offre, la prête à
celui qui l'écoute avec la même confiance, le
même sourire qui engage. Ainsi je retrouve
en Jaurès le vieux maître que nous avons
tous deux tendrement aimé. Et comme je

suis à peu près le seul du parti qui ait familièrement connu le père Deltour, je suis le seul aussi sans doute à discerner cela, et cela me fait comme un Jaurès à moi tout seul, dont je ne saurais vous dire tout le charme.

Mais c'est surtout au moral, que, *mutadis mutandis*, comme nous parlons, la ressemblance est frappante. Parce que j'ai dit que M. Deltour était orléaniste, n'en concluez pas, citoyen Guesde, que son disciple Jaurès soit stipendié par la maison d'Orléans pour subvertir le parti socialiste. J'entends que, si Jaurès a quitté de bonne heure l'Université, il n'en est pas moins resté dans l'âme un universitaire, et de la grande espèce.

*
* *

Anatole France disait un jour, à peu près :

— Quand une page d'écriture est d'un professeur, ça se voit toujours, au premier regard. C'est bon ou mauvais, le plus souvent entre les deux ; mais bonnes, mauvaises ou médiocres, brèves ou longues, les productions des universitaires ont toujours un commencement, un milieu, une fin. C'est propre, droit, bien ratissé. Et c'est généralement divisé en trois paragraphes, parce que cela est plus décent...

Voilà, pensez-vous, qui ne s'applique guère à Jaurès. Tout ce qu'il produit paraît jaillir, et jaillit en effet, tout d'une coulée. Avez-vous vu de ses manuscrits ? Ils m'ont fait croire à la graphologie.

Mais, pour en goûter toute la saveur, il faut avoir vu Jaurès écrire ses articles à la *Petite République.* Cela, du reste, tout le monde l'a vu, car, de mon temps, la *Petite,* c'était comme un moulin. N'importe qui pouvait monter au journal, s'y promener sans rien demander à personne, entrer dans la pièce où Jaurès et Gérault-Richard travaillaient à deux tables jumelles, dire : « Salut, citoyens! » s'asseoir sans plus de façon, bourrer sa pipe et émettre son avis sur le cas Millerand. Puisqu'on est des socialistes, tout est à tous, n'est-ce pas, y compris Jaurès. C'était un club, un congrès, la foire...

Parmi la vapeur des bouffardes et le vacarme des disputes, Jaurès écrit son article, sans émoi. Il a pris une vingtaine de feuilles (c'est un minimum) de papier écolier grand format, et sur la première, d'une haute et grosse écriture de charpentier qui s'applique, il écrit d'abord son titre. Cela seul est digne de remarque, et je vous prie de le remarquer, car vous allez voir que c'est vraiment le signe d'un esprit et — je n'exagère point — presque un trait de caractère. Le titre inscrit, planté au haut de la page comme on fiche un pieu, Jaurès commence à creuser son sillon tout droit, tout d'une haleine, et il le pousserait ainsi jusqu'au bout, sans s'interrompre, s'il n'était interrompu par quelque fâcheux : « Ça va toujours, Jau-

rès ? » Jaurès pose précipitamment sa
plume, enlève son binocle, qui joue ici le
rôle d'isolateur, fait tomber quelque chose,
déclare avec allégresse que ça va toujours,
et remercie cordialement le fâcheux de lui
poser cette question oiseuse. Ou bien, c'est
un militant qui passe et lui pousse en passant une « colle » sur la grève générale ;
Jaurès répond, réplique, rétorque, argumente, s'exclame, s'échauffe, puis, tout à
coup, il a un mouvement d'épaules comme
s'il déchargeait un sac de pommes de terre,
il remet son binocle, rentre dans son article,
et reprend sa phrase où il l'a laissée, souvent au milieu d'un mot. Ne croyez point que
l'intermède ait ralenti le mouvement de sa
pensée. Quelles que soient les incidentes,
elle ne déviera point. Comme si de rien n'é-
tait, Jaurès continue sa tâche, et tranquille-
ment, régulièrement, sans effort, sans ratu-
res, il noircit ses vingt feuilles, qu'il ne
relit point, et que l'ami Lejeune, le secré-

taire dè rédaction, reçoit telles quelles,
comme un bloc de lave encore tiède.

Et c'est bien un bloc, en effet. Car Jaurès
écrit comme il parle, c'est-à-dire, premiè-
rement, qu'il écrit très bien, et même mieux;
mais c'est-à-dire aussi que toutes ses écritures, verbe figé, gardent l'accent et l'allure
oratoires. Toutes les phrases se relient étroi-
tement, se tiennent, ou plutôt ne forment
qu'une seule phrase, une période, ample,
longue et moelleuse, qui roule et se déroule,
monte et descend, et remonte, s'enfle encore, ondoie, palpite, déferle et se déploie
comme une vague sur la grève, écumante,
lumineuse et sonore, magnifiquement...

Dans cette période, pas de ponctuation,
ou peu ; encore est-elle arbitraire, fantai-
siste ; ou plutôt ce ne sont que des signes de
respiration. De même, et pour la même raison, au cours de ces vingt pages, Jaurès
n'est pas allé deux fois à la ligne. Le brave

Lejeune prend son crayon bleu, et, avant de transmettre la copie aux typos, il en fait la toilette, la saupoudre de points et de virgules, marque des alinéas, découpe le bloc en tranches, en paragraphes présentables. Et c'est encore lui, avec la même sollicitude intelligente, qui corrigera les épreuves, car Jaurès n'a jamais pu s'astreindre à ce travail menu. « Ça me rend fou », dit-il.

Voilà comment vous pouvez lire des livres de Jaurès, que Jaurès n'a jamais lus, peut-être jamais ouverts. « De jeunes amis, écrit-il en manière de préface à l'*Action socialiste*, m'ont demandé la permission de réunir, en un ou plusieurs volumes, un choix de mes articles et discours... Ce sont eux qui ont fait tout le travail, le choix et le classement. Je ne sais même pas, en écrivant cet avant-propos, quels sont les morceaux contenus dans ce volume... » Il est bien capable de ne pas le savoir encore, ou, si on le lui a dit, il y a belle lurette qu'il l'a oublié. Car il a,

pour toutes ses productions, la sereine in-
différence de la mère Sand, qui ne reconn-
naissait pas plus une page de son avant-
dernier roman, qu'une chienne ne reconnaît
un petit de son avant-dernière portée. Cette
belle négligence, Renan lui-même n'a su que
nous la peindre. « La vanité de l'homme de
lettres n'est pas mon fait, disait-il. Je n'ai
quelque temps fait cas de la littérature que
pour complaire à M. Sainte-Beuve, qui avait
sur moi beaucoup d'influence. Depuis qu'il
est mort, je n'y tiens plus... Jamais je n'ai
compté sur mon prétendu talent pour vivre ;
je ne l'ai nullement fait valoir. Ce pauvre
Beulé, qui me regardait avec une sorte de
curiosité affectueuse mêlée d'étonnement, ne
revenait pas que j'en fisse si peu d'usage.
J'ai toujours été le moins littéraire des
hommes, etc. »

Oui, mon bonhomme ; tu insistes trop là-
dessus et tu y reviens avec trop de complaisance, presque avec lourdeur, pour ne pas

nous assurer dans la conviction qu'en réalité
ta littérature, vieux singe délicieux, fut la
volupté la plus délicate de ta vie. Et ce n'est
pas moi, puisque j'en jouis, qui aurai l'ingratitude de t'en faire un crime. Mais tout
ce que tu nous dis, sans vergogne, pour
nous prouver que tu es modeste, tout ce que
tu n'aurais jamais dit si tu l'avais été vraiment, gros malin vénérable, tout cela s'accorde exactement à la mentalité de Jaurès.
Depuis tantôt vingt ans qu'il écrit, songez
qu'il a bien dû produire la valeur de cinquante volumes. Où sont-ils ? On les réunira
sans doute en une édition complète quelque
jour, après sa mort. Pour l'heure, il n'en a
cure. Ce sont, comme il en parle, feuilles
« jetées au vent de la vie ». Et il les a jetées,
perdues, comme un arbre perd ses feuilles.
Ou, si vous aimez mieux, Jaurès écrit comme
un pommier fait des pommes, parce que ça
se trouve comme ça, parce que c'est dans la
nature. Et quand c'est fait, Jaurès ignore sa

littérature, comme le pommier ignore le
cidre.

Bien plus, quand ses « jeunes amis » lui
demandent l'autorisation de publier en volume quelques-uns de ses articles, il a
comme un mouvement de pudeur. « Un moment, dit-il, j'ai hésité. Je craignais qu'on
ne vît là une sorte de préoccupation littéraire peu convenable à un militant. » Où
Jaurès a-t-il pris qu'il n'était pas « convenable à un militant » d'être un écrivain, d'avoir
du talent et de n'en point rougir ? Cette idée
saugrenue, qui part d'un sentiment exquis,
ne vous y trompez point, c'est du christia-
nisme le plus pur. Le militant que se figure
ici Jaurès, c'est l'apôtre, c'est le Père de
l'Eglise, c'est Paul ou Tertullien, qui n'ont
point, en effet, fondé la société des gens de
lettres. Et je me demande, quand je relève
de tels traits, comment il peut y avoir encore tant d'imbéciles pour traiter de *rhéteur*
« le moins littéraire des hommes ».

*
* *

Feuilletez le premier volume de l'*Histoire
socialiste ;* l'exemple est encore plus frap-
pant. Jaurès a rédigé son premier chapitre,
« les Causes de la Révolution » ; c'est l'introduction, le portique. Cela fait, il repart, et,
d'affilée, d'une étape, il « couvre » trois cent
soixante-seize pages in-quarto, ce qui représente la matière de deux ou trois volumes
ordinaires. Il en était là de son « développement », quand l'éditeur, un peu inquiet, dut
lui dire : « Il n'y aura donc pas de chapitres
dans votre ouvrage ? — Mais si, certainement. — Alors, il serait peut-être temps de
passer au chapitre trois ? — Comment ! le
chapitre trois, fait Jaurès, encore plus
étonné que son éditeur ; mais il est fini, le
chapitre trois ! » Là-dessus, je le vois se
reporter aux livraisons déjà parues, et constater avec stupeur qu'à la page 230 il a oublié de mettre un tiret, un titre. L'impri-

meur, sans défiance, a imprimé la chose au
fur et à mesure, à la queue leu leu, comme
elle venait ; et Lejeune n'était pas là. Si
bien que ce premier tome est un monstre,
un scandale typographique : le premier et
le second chapitres ont un numéro et un titre ;
le troisième n'a ni numéro ni titre ; le quatrième a un gros titre, mais pas de numéro ;
les chapitres suivants, qui sont pareillement énormes, ont de tout petits titres honteux, écrasés, en caractères minuscules et ridicules, plus grêles que les lettres du texte,
comme si l'auteur avait pleuré pour en avoir.
Et des coquilles !

Le livre est fini, complètement imprimé.
C'est alors que Jaurès — et l'a-t-il fait seulement de lui-même ? — s'avise d'y ajouter,
après coup, une table des matières. Dans
un appendice, intitulé pudiquement : « Ob-
servations et errata », il nous explique :

J'ai divisé le récit en gros blocs, chaque chapitre correspondant à une question vaste. Mais...

Dégustez-moi ce *mais*. Il n'a oublié que de coller une étiquette sur chacun des gros blocs...

Mais c'est par l'effet d'une omission matérielle qu'un titre indispensable n'a pas été inscrit à la page 230. Avec ces mots : « C'est le 4 mai, etc. » commence un chapitre nouveau dont le titre doit être... La table des chapitres est donc ainsi dressée : *Introduction*, de la page 1 à 23 ; *Causes de la Révolution*, de la page *tant à tant*, etc.

Et le pauvre Jaurès s'efforce tant bien que mal de numéroter ses gros blocs et de réparer ses « omissions matérielles » d'idéaliste incorrigible.

Si cette table a l'air d'un remords, est-ce à dire que Jaurès n'ait pas suivi de plan pour écrire son *Histoire de la Révolution*? Elle est au contraire d'une ordonnance superbe, et quand on aura percé quelques allées dans cette forêt vierge, on s'apercevra que tous les arbres y sont plantés en quiconce. Jaurès a élevé là un monument qui suffirait à sa gloire.

De même, ses articles pourraient servir de modèle aux élèves de rhétorique. Les arguments y sont toujours présentés, disposés suivant la gradation ascendante que recommande le *Traité de composition et de style*, de M. Deltour. Jaurès n'ignore aucun secret de la dialectique, et il compose comme on l'enseigne à l'école. Mais dans ses productions l'on ne saurait, comme à l'école, distinguer du dehors la « matière » et la « forme ». Chez lui, la composition est intime, organique. Spontanément, les faits et les idées se classent dans son esprit, s'épousent et se fécondent, s'agglomèrent en un tout bien lié. Rien de commun avec Numa Roumestan, qui, pour penser, a besoin de parler. Avant de prendre la parole ou la plume, Jaurès sait précisément tout ce qu'il veut dire (c'est plus rare qu'on ne l'imagine) et comment il le dira ; tous ses « développements » sont à leur place, tous ses arguments rangés en bataille ; lorsqu'il parle, lorsqu'il écrit, c'est un fruit mûr qui tombe de la branche gonflée de sève.

Et voilà par où sa façon tranquille et sûre de rédiger ses articles sur un coin de table quelconque, dans la plus tumultueuse tabagie, ne décèle pas seulement une prodigieuse « facilité ». Jaurès écrirait ses articles avec la même aisance n'importe où, dans la rue, sur l'impériale d'un tramway ou sur la colonne Vendôme ; et c'est qu'à vrai dire, comme les tragédies de Racine, ils sont faits avant d'être écrits. Ainsi du reste. Autant qu'homme le peut savoir, Jaurès sait toujours où il va, et comment, et pourquoi il y va. Sa vie est composée et se réalise nécessairement comme le plan du dieu leibnizien. D'ailleurs, si vous me poussiez, je vous démontrerais tout de suite que Jaurès est le dernier disciple de Leibniz, et le plus grand...

*
* *

Mais non, je m'en tiens à l'universitaire.

Il l'est de toutes façons, à l'ancienne et à la nouvelle mode. Humaniste, il a de temps à autre — le voilà bien, le fils du père Deltour — des poussées d'Homère ou de Virgile, des « revenez-y » de l'antique, et alors il en tire des images et des symboles merveilleux. Relisez, en ce genre, son discours à la distribution des prix du lycée d'Albi. Cette « fleur de la plus pure antiquité, dont on ferait un ouvrage court et délicieux », Fénelon en eût respiré l'arome dans ce petit chef-d'œuvre, d'une langue limpide, fine et vibrante comme le cristal. Nul, non pas même Renan, ni France, ne nous donna mieux le sentiment de l'exquis.

Et Jaurès est aussi l'universitaire nouveau jeu, hélas ! en ce sens qu'il professe, comme tous les professeurs de sa génération et de la mienne, un goût immodéré de la science allemande. Oui, pour cette Allemagne pédante que nous a montrée M. Sorel, cette « Allemagne de séminaire et de laboratoire,

archivalesque, contributive, annotante, ré-
férente, collationnante, épologueuse et critique », Jaurès a un culte qui tient du féti-
chisme, un culte qui suffirait presque à vous
rendre nationaliste. En Angleterre, *made in
Germany*, ça veut dire :« C'est de la came-
lote. » Nous autres, nous lisons : « Nanan. »
Ah ! l'érudition, la philologie, les méthodes,
la critique allemandes ! Et la critique, l'esprit critique, ce n'est rien ; parlez-moi d'un
bon « appareil critique » ; parlez-moi de ces
messieurs gourmés et rassis, qui mettent sur
de petites fiches tout ce que pensent les autres, qui classent les petites fiches dans une
petite boîte, rangent les idées par ordre al-
phabétique, et, de la sorte, ont de l'esprit
plein leurs tiroirs. Dites-leur : « Zut ! » ils
vous demanderont aussitôt la référence. Mais
Jaurès ne leur dit pas zut. Lui, l'homme qui
n'a jamais pu retrouver un papier, l'homme
qui a le cerveau le plus riche du monde
et qui sait à peu près tout ce qu'on peut

humainement savoir, il admire, avec un ahurissement de poule qui regarde passer une automobile, ces pions de Germanie au dogmatisme balourd et tranchant, qui détiennent la science infuse dans leurs petites boîtes, comme des sardines. Et il s'afflige secrètement de ne pas pouvoir travailler à quelque besogne ténébreuse et vaine, comme ces rats de bibliothèque, impuissants, fielleux et fétides. Du moins, il flaire respectueusement tout ce qu'ils rongent, tout ce qu'ils grattent, raclent, épluchent et décortiquent ; il se pâme devant tout ce qu'ils profèrent, tout ce qu'ils font, — même quand ils lui font des tours pendables.

Rien n'est moins dans le tempérament de Jaurès, tout de verve et de prime saut, que cette « savantasserie », cette érudition morbide, cette conception administrative et bureaucratique de la science et de la pensée, tout le formalisme aride, insipide et glacé de cette néo-scolastique. Mais ce tour d'esprit, si l'on peut dire, est du dernier genre universitaire ; et Jaurès s'efforce de l' « attraper », comme ces petits jeunes hommes candides, qui, pour être dans le train, se donnent laborieusement des vices contre nature.

_De là, sans doute, l'importance démesurée qu'il attribue au socialisme allemand, dont tous les produits portent la marque de cette manie pédantesque et de cette morgue intransigeante. Ainsi, Jaurès passe sa vie à être désolé de contredire Karl Marx, à peu près toutes les fois qu'il ouvre la bouche.

Et c'est aussi pourquoi la fameuse motion de Dresde reprise contre lui, à l'instigation du méchant Guesde (1), lui porta le coup le plus sensible, droit au cœur. Renan, certes, ressentit moins de peine au lendemain de la guerre franco-allemande ; car, ayant versé une larme fugitive, Renan était

(1) Au congrès d'Amsterdam.

assez sage pour s'en battre l'œil aussitôt.
Mais Jaurès ne voulut pas être consolé.
Quoi! Ceux qui prêchent l'évangile révolutionnaire selon saint Marx avaient réprouvé
sa tactique! Depuis que le congrès d'Amsterdam est fini, Jaurès n'en est pas encore revenu : il est toujours là-bas, pleurant sa
Béatrice teutonne, d'autant plus adorée qu'il
ne put jamais obtenir ses faveurs.

Mais, comme les amants malheureux, il
s'est avisé de dire ses quatre vérités à la
cruelle. Et la leçon ne sera perdue ni pour
lui, ni pour nous, si notre parti cesse enfin
de se traîner à la remorque du grand bateau
marxiste. Sans méconnaître les pures intentions de nos camarades d'outre-Rhin, sans
blasphémer, sans choir dans le nationalisme, nous sera-t-il permis de nous apercevoir, avec Jaurès, que nous avons chez nous
une tradition socialiste issue de la Révolution française, et que nous ferons aussi bien
de la suivre, tant que nous n'aurons pas la

chance d'être, comme Bebel, sujets de Guillaume II, « monarque social »? En attendant, remercions Bebel et ses amis qui sont les nôtres, de nous avoir rappelé au respect de notre histoire. Et passons notre chemin.

*
* *

Couché de bonne heure, levé de bonne heure, Jaurès construit tous les matins son pan de mur, comme Zola. Il a gardé les saines habitudes de labeur quotidien prises à l'école.

Je lisais l'autre jour, dans une feuille cléricale, que le cabinet de Jaurès — cela fait suite au « château » de Bessoulet — était d'un luxe inouï, « avec ses murs tendus de soies mourantes ». En songeant au pigeonnier d'Auteuil où travaille Jaurès, ces « soies mourantes » m'ont fait mourir de rire. Une « chambre haute » de dix pieds carrés, une table, avec tout juste ce qu'il faut pour écrire et pour s'asseoir, des livres sur des rayons ou en piles, voilà tout ce que j'ai

vu : rien qui rappelle ces « pensoirs » d'é-
crivains célèbres, tels que nous les montrent
les photographies avantageuses exposées
aux vitrines du boulevard ; rien qui soit là
pour reposer l'œil ou distraire un instant
de la besogne entreprise, pas un objet d'art,
pas une fleur, pas même la pipe de Spinoza.
C'est austère et négligé, comme la « turne »
sous les toits, où Jaurès préparait son agrégation à l'Ecole Normale.

Tous les détails de sa vie évoquent pareillement des souvenirs scolaires. Les théoriciens de « l'action directe » raillent volontiers le parlementarisme de Jaurès. Je ne suis
pas d'humeur à soutenir comme eux que la
tribune de la Chambre hypnotise le tribun, et
lui fait oublier tout le reste ; mais il est incontestable que Jaurès — et nous ne pou-
vons que lui en être très reconnaissants —
prend très au sérieux son mandat de re-
présentant du peuple et qu'il s'en acquitte
avec un zèle passionné.

Est-ce parce qu'il m'est impossible, lorsqu'on nous pose la question des droits ci-
viques du personnel enseignant, de distinguer le citoyen du maître ? Est-ce parce que
j'établis une relation étroite, nécessaire, et,
pour tout dire, un rapport d'identité entre
la fonction éducative et la fonction civique
de l'instituteur ou du professeur ? Toujours
est-il que Jaurès me donne l'impression d'être
toujours des nôtres ; s'il est sorti de l'Université, il n'a pas abandonné l'enseignement,
bien au contraire : il s'adresse, d'une chaire
plus haute, à un auditoire plus nombreux.
Il est devenu un professeur de l'enseignement très supérieur, ou plutôt c'est un
professeur supérieur, car, au risque de dé-
ranger les conceptions de M. Paul Leroy-
Beaulieu, je serais disposé à croire qu'en
l'espèce la « supériorité » tient moins aux
matières du programme qu'à la valeur personnelle du maître.

Quoi qu'il en soit, je ne me dissimule pas

qu'en vous montrant Jaurès sous ce jour,
je l'expose peut-être et je m'expose sûrement
moi-même à quelques brocards faciles. Le
meilleur moyen de les prévenir ou de les
émousser, c'est d'avertir qu'on les devine,
et qu'on s'en moque. Donc, laissons dire, de
sang-froid, que si Jaurès se complaît au
Palais-Bourbon, ce n'est .pas seulement
parce qu'il a conscience d'y faire une œuvre
excellente, c'est encore qu'il goûte une innocente joie à y retrouver une grande classe,
avec tout l'appareil, les formes, les mœurs,
et jusqu'au rythme de la vie scolaire. Ajou-
tez même, s'il vous plaît de vous divertir à
mes dépens : « N'est-il pas tout naturel que
l'on coule des heures agréables dans un établissement où l'on est toujours le premier
en discours français ? »

.Voilà « dessalées », si j'ose dire, les pauvres railleries qu'un lecteur mal intentionné
pourrait déduire de mon propos. Il reste, et
je m'y tiens, qu'à la Chambre, outre les mi-

neurs de Carmaux, le grand universitaire
Jean Jaurès représente éminemment l'Université française. Et c'est là le secret de la
toute-puissante et bienfaisante attraction que
son génie politique exerce sur les hommes
d'école, grands, petits ou moyens.

De plus en plus, l'Université se reconnaît
en lui et lui remet son destin. Voyez l'Ecole
Normale. Il y a présentement quatre façons
d'en sortir : les normaliens s'en vont en province, à Rome, à Athènes, ou à Jaurès. Encore les écoles de Rome ou d'Athènes ont-
elles perdu presque tout leur prestige :
l'école de Jaurès est de beaucoup la plus fré-
quentée.

— Hein ! disait un soir Jaurès à Briand,
nous avons à *l'Humanité* la plus belle rédaction de Paris : dix-sept agrégés !

Et il disait ce « dix-sept agrégés », tout
ensemble avec la satisfaction d'un Socrate
dénombrant ses disciples et le contentement
d'un gosse qui compte ses billes.

— Ah ! fit de son air frigide Aristide Briand, qui n'est même pas docteur ès lettres. Alors, nous autres, nous n'en avons que plus de mérite...

Et quelqu'un, — n'était-ce pas Gabriel Bertrand ? — ajouta :

— Nous devrions changer l'enseigne du journal. L'Humanité, ce singulier est trop modeste ; disons : Les Humanités...

De même qu'à l'Ecole Normale, la vaillante promotion de sociologues, issue de Jaurès, se subdivise en sections, qui se partagent la question sociale. Dix ans plus tôt, par l'effet d'une vocation irrésistible, celui-ci se serait adonné à l'épigraphie latine et son camarade à l'assyriologie comparée. Aujourd'hui, par l'effet de Jaurès, l'un « se spécialise » dans le mouvement syndical, l'autre dans le mouvement coopératif, et cet autre encore dans le mouvement agraire. Ils sont tous dans le mouvement ; et ils se meuvent avec ensemble, en faisant la tortue contre le Capital.

Le parti socialiste se rend-il un compte suffisant de tout ce qu'il a gagné, lorsqu'il ouvrit ses rangs à de pareilles recrues ? J'ai peur que non, et le « militant » que je suis en est aussi chagrin que l'universitaire. On ne remarque pas assez que ces jeunes hommes apportent au prolétariat, avec leurs précieuses qualités d'observation, de méthode, de composition et de style, autant de conscience que de science. Ne leur prêtez pas de mobile intéressé ; s'ils restent en marge de l'Université, ce n'est point qu'ils attendent quelque avantageuse occasion d'en sortir. Non, la plupart d'entre eux n'ont réellement d'autre ambition personnelle, que de contribuer par un effort anonyme à l'avancement de l'humanité. Ainsi se forme sous nos yeux — toujours grâce à Jaurès — une classe d'hommes nouveaux, très nouveaux, qui parlent au peuple sans briguer de man-

dats et, n'étant pas politiciens profession-
nels, n'en font que de la politique meilleure.
En les voyant ainsi groupés autour de Jaurès, l'on songe aux collaborateurs obscurs et
dévoués d'un Mommsen, se divisant le travail et travaillant tous, du même cerveau,
du même cœur, à la même tâche infinie,
chacun dans son petit coin ; l'on se représente encore, plus volontiers, la noble et
gentille phalange des élèves de Léonard ;
car, s'il y faut de la science, la cité juste
qu'ils prétendent bâtir ne sera-t-elle point
la plus belle et la plus complète des œuvres
d'art qu'on puisse rêver?

Nous n'avons pas encore notre socialisme
de la chaire ; mais nous avons mieux : voici
déjà, par une insensible et féconde endos-
mose, tout notre enseignement national pénétré de la pensée socialiste. La République
sociale ne nous apparaît plus comme un
idéal lointain et hyperbolique ; nous la
voyons dès ce jour sous les traits charmants

d'une petite fille assise sur les bancs de la
« laïque ». Et c'est peut-être l'instant de
redire à Guesde l'apologue de Phébus et Bo-
rée ; car la gloire de Jaurès sera d'avoir
rendu possible, par le simple rayonnement
de son génie, la seule révolution authentique
et profitable, celle que font en jouant les petits qui vont à l'école, — une révolution sou-
riante, douce et jolie...

Août 1904.

IV

Le poète lyrique

C'est un simple.

Il reste encore assez de sots pour lui reprocher, comme une contradiction, de vivre bourgeoisement.

D'abord, Jaurès est de ceux qui pourraient leur répondre, avec une insolence légitime :

— Non, je ne suis pas un bourgeois, je suis un aristocrate.

Et cela n'aurait rien de contraire aux exigences de l'esprit démocratique, quoi qu'en pensent ou que feignent d'en penser les feuilles bien pensantes.

Il est d'ailleurs regrettable que nombre de camarades socialistes donnent volontiers dans la même méprise. Je me souviens, à ce propos, du cri bizarre et troublant qui nous tomba du poulailler, un soir que Jau-

rès faisait une conférence au Nouveau-Théâ-
tre. Tandis que le beau monde de la Sociale,
les gens de notre Haute se prélassaient,
comme il convient, dans les parties basses
de la salle, et que des citoyennes pompeuse-
ment parées (pour la plupart d'origine sémi-
tique) nous offraient au balcon le spectacle
gratuit de leurs épaules et de leurs ma-
melles, tout là-haut, dans une galerie très
supérieure, un camarade arien, évidemment mal situé, exhala sa jalousie en ces
termes aussi étranges qu'amers :

— *A bas les fauteuils d'orchestre !*

Certes, je n'oserais soutenir qu'en l'occurrence cette protestation, d'un tour inso-
lite, ne partait pas d'un sentiment socialiste.
Mais il me parut que notre camarade mal
assis entendait mal le socialisme. Et ce n'est
pas seulement parce que j'étais moi-même
installé à l'orchestre ; c'est qu'en somme l'i-
déal socialiste n'exige point du tout, sous couleur d'égalité, que tous les citoyens soient

pareillement mal assis ; l'idéal socialiste n'est point de supprimer l'orchestre, mais bien le poulailler...

Il ne requiert point davantage que les citoyennes cessent d'avoir des épaules plaisantes et d'en régaler au moins nos yeux, mais que toutes les citoyennes soient diversement aimables et friandes. De même, il comporte que tous les citoyens voyageront en première classe et se repaîtront de langoustes à la Lucullus ; dans la Sociale, en effet, tous les citoyens seront de la Haute ; tout le monde sera du beau monde. Et sans doute je m'exprimerais fâcheusement si je disais que la révolution sociale sera faite du jour où les prolétaires seront tous des bourgeois ; mais, à n'en point douter, la démocratie bien entendue veut que toute l'humanité devienne aristocratique.

*
* *

Voilà pourquoi Jaurès, en attendant la

révolution, aurait parfaitement le droit de
vivre une vie cossue, ne fût-ce qu'à titre
d'exemple. Mais il n'use que fort modéré-
ment de ce droit imprescriptible. Regardez-
le : cet homme, qui sait si bien où il va, ne
sait pas comment il vit. Il vit n'importe comment, tel qu'en songe. Comme Zeus, il procède dans un nuage, et son œil olympien ne
s'attarde pas à discerner la nuance du nuage
qui le porte.

Entendez que Jaurès, même quand il était
le leader de la *Petite République*, n'a jamais
soupçonné en quoi consiste ce qu'on dé-
nomme un « complet ». Il s'habille comme
il écrit, sans se relire ; et mon admiration
n'est pas assez aveugle pour m'empêcher de
reconnaître avec M. Deschanel, que ses pan-
talons sont généralement d'un style moins
sûr que ses articles.

Pour tout dire — ou du moins ce qu'on
en peut dire sans offenser sa modestie —
il me paraît que la psychologie du Jaurès

intime tient quasiment toute dans les chapeaux de paille qu'il arbore aux congrès socialistes. « Comment faites-vous, demandait-
on à un célèbre acteur, pour avoir des chapeaux si comiques ? » Il répondit : « Je les
garde. » Ainsi doit faire Jaurès, par inad-
vertance. Car nous avons tout lieu de croire
qu'avant de les mettre, il inflige à ses chapeaux de paille un stage de quatre ou cinq
ans dans un placard moisi.

Par exemple, ne voyez rien là qui ressemble à une coquetterie. Et surtout ce
serait bien mal le connaître que de lui attri-
buer la grossière malice de ce démagogue,
directeur de *l'Action*, qui, pour se présenter
au peuple, détache son ruban rouge et se
couvre le chef de son chapeau le plus mou.
Non, Jaurès est simple avec simplicité.

Un jour qu'il avait accordé à l'un de nos
camarades le privilège d'éditer en volume
une série de ses chroniques, Gérault-Richard
lui adressait à ce sujet quelques remon-

trances amicales, de ce ton affectueusement
bourru dont un cadet morigène son grand
frère prodigue :

— Pourquoi faites-vous de tels cadeaux
à des gens qui ne vous en savent aucun gré ?
Ignorez-vous que ce livre vous eût rapporté
deux ou trois mille francs chez un éditeur ?

Et Gérault détaillait avec compétence tout
ce que pareille somme représente d'agrément ou de confort.

— Avec cet argent, disait-il, vous auriez
pu vous payer un beau voyage, aux vacances? Vous auriez pu vous offrir une bibliothèque... Vous auriez pu, à tout le moins,
renouveler votre garde-robe. Voyez un peu
comme vous êtes f...ichu !

— Comment ! fit Jaurès avec un étonnement énorme, d'autant plus énorme que
c'était un dimanche, et que ce matin-là, par
une habitude atavique, et, somme toute, cléricale, il avait apporté un peu plus de soin

que de coutume à sa parure. Comment?
Vous trouvez que je ne suis pas bien ha-
billé ?

Et il essayait éperdument de s'apercevoir
dans la glace, mais sans y réussir. Car —
voilà, peut-être, le secret de son dédain pour
les vains ajustements — Jaurès *ne peut se
voir lui-même*; et il ne peut se voir, pour
une simple raison d'ordre *anatomique*.

Considérez, en effet, la coupe de son visage ; remontez-en la pente, de la barbe au
sommet du front ; la face est disposée obli-
quement, sur le plan le plus favorable à
l'émission de la voix ; simplifiez-en les lignes, et vous observerez que la tête en cuivre
rouge de cet orateur aux poumons d'airain
est construite et orientée comme un pavillon
de trompette qui sonne. Ou, si vous me demandez une comparaison plus noble, vous
ne comprendrez jamais mieux qu'en regar-
dant Jaurès ce que signifie précisément l'*os
sublime* des Latins. Il y a des gens qui vont

dans la vie, l'échine humble, la tête basse,
abstraits par leurs bottines ; il en est d'autres qui « portent beau » ; Jaurès, lui, porte
glorieux, face au ciel.

Nous découvrons ici ce « caractère domi-
nateur » que recherchent les naturalistes ;
la structure de sa boîte crânienne et l'éco-
nomie de son appareil visuel nous expliquent
au moins la moitié de Jaurès, et non seulement tout le « va comme je te pousse » de
sa vie, ses « négligés », ses distractions,
son inconcevable maladresse, mais encore
son idéalisme et son parfait désintéressement. Tout en lui s'adapte et se subordonne
à cette fin : *la parole d'en haut.* Il a la tête
faite pour parler au loin et regarder en l'air;
et c'est parce qu'il regarde en l'air, tandis
qu'il parle au loin, c'est parce qu'il a les
yeux disposés pour « lire au-dessus de sa
tête » qu'il ne saurait voir, ou qu'il ne voit
qu'à peine tout ce qui se passe au-dessous.

— Qu'est-ce que vous cherchez ? me de-

mandait un soir Gérault, me voyant soulever quelques papiers épars sur la table.

— Je cherche les ciseaux que j'ai prêtés
hier à Jaurès et qu'il a oublié de me rendre.

— Ah bin ! fit Gérault avec son rire et
son accent gouailleur de Manceau mâtiné de
Montmartrois, en êtes-vous encore à vous
figurer que l'on a quelque chance de revoir
jamais ce que l'on prête à Jaurès ? Il a des
mains qui volatisent tout ce qu'elles tou-
chent... Inutile de chercher vos ciseaux ;
ils sont fondus...

Et, en effet, Jaurès est d'une maladresse
si prodigieuse qu'elle finit par ressembler à
de la prestidigitation. Pour en avoir une
idée, il faut le voir faire sa malle. Ça, c'est
inoubliable. Jaurès fait sa malle comme on
fait les vendanges. A cette différence près
que la vendange est méthodique, tandis que
Jaurès cueille au hasard tout ce qu'il rencontre à travers sa chambre, et l'empile tel
quel dans la boîte. Quand c'est fini, il lui est

naturellement impossible de refermer le couvercle. Alors Jaurès n'hésite pas à recourir aux moyens révolutionnaires : il monte dans la malle et en piétine le contenu avec un farouche désespoir. Encore faut-il, lorsqu'il a de la sorte aplati tout ce qui dépasse et dompté le couvercle en s'asseyant dessus, qu'un ami survienne à propos pour boucler les courroies...

En tout ce qui touche la pratique de la vie, ce pauvre grand homme est plus neuf, plus inexpert et plus désarmé que le plus ingénu des petits enfants. Vous représentez-vous sans épouvante ce qu'il adviendrait de lui, si d'aventure un naufrage le jetait quelque jour, comme Robinson, sur la côte d'une île déserte ?

Par quelle hallucination de haine forcenée a-t-on bien pu entreprendre de nous donner le change sur la qualité de ses ambitions et de nous représenter ce rêveur, qui vit dans... le soleil, comme un « jouisseur » vulgaire, uniquement et bassement épris des « réalités du monde sensible » ?

*
* *

Un soir, — c'était encore un dimanche, — Jaurès achevait son article dans son bureau de la *Petite République*. C'était le temps où un âpre polémiste lui reprochait chaque matin de manger trop de homard, en compagnie de son complice Millerand. A cette accusation terrible, Jaurès répondait dignement que la doctrine socialiste n'a rien de commun avec l'ascétisme. En conséquence, le haut et pur idéal collectiviste du prolétariat conscient et organisé ne lui interdisait d'aucune sorte la consommation du homard.

Et l'autre ricanait :

— Ah ! ah ! Ils avouent, les ventrus ! Nos Barons de la Sociale n'ont plus rien à se refuser : il leur faut du homard à tous les repas, arrosé de spooms. On n'est pas des ascètes...

Or, ce soir-là, dans l'antichambre du journal désert (le dimanche, les militants s'en vont militer ou faire un tour à la campagne), je vis une chose émouvante. Au milieu de l'antichambre, il y avait une table ; au milieu de la table, il y avait une chaise ; sur la chaise, il y avait un homme, debout. Je reconnus le citoyen garçon de bureau, notre camarade Elie. La tête près du plafond, sous l'ampoule électrique, il maniait délicatement un objet fragile ; et les doigts sous le nez, très absorbé par sa besogne menue, il avait ces petits mouvements gauches et ridicules des hommes qui s'essayent à la couture.

— Qu'est-ce que vous faites donc là-haut ? lui dis-je.

Le camarade Elie eut un rire doux, et de cet air tendrement confidentiel qu'il a volontiers le dimanche soir, lorsqu'il a trinqué à la Sociale, il m'expliqua :

— Je raccommode la cravate de Jaurès !

Riant plus fort, il allongea le bras, et, me montrant la chose, avec un dédain mêlé de compassion, il dit encore :

— Non, mais… pigez-moi ça !

Je pigeai. C'était une pauvre petite cravate noire, élimée, luisante, effilochée, un de ces nœuds tout faits, comme on en vend deux pour quarante-cinq centimes au Bon Marché, les jours de solde. Et tandis que je pigeais cette cravate, il me sembla que je pigeais aussi l'homme de cette cravate, l'homme qui était là tout près, derrière la porte, et qui, n'étant pas un ascète, écrivait avec magnificence : « Quoi ! Par quelle aberration impie et criminelle, par quelle absurde et monstrueuse méconnaissance de nos radieux principes, prétendrait-on nous imposer, au nom du socialisme, ce lugubre et mortel idéal de sacrifice et de renoncement ? etc., etc. Non, non, de même que nous revendiquons pour tous les êtres hu-

mains le droit à la lumière, de même nous
affirmons leur droit absolu à tout ce que la
lumière enfante, leur droit égal à tous les
biens de la terre et à tous les fruits de la
vie... etc., etc. »

Et là-dessus, Jaurès remit son vieux chapeau de paille pour regagner sa demeure.
Et comme il allait sortir, le camarade Elie
dut le rappeler, d'un geste qui n'était point
dénué d'ironie :

— Hé ! citoyen Jaurès, vous oubliez votre
cravate...

* * *

Il est candide.

Un autre soir, il s'en allait au congrès
d'Amsterdam. Il arrive à *l'Humanité*, chan-
tant victoire avant la bataille.

Notre camarade Edgard Milhaud, qui enseigne la sociologie à Genève, l'attendait
avec moi dans son cabinet. Bien que Jaurès
eût déjà l'air triomphant, Milhaud gardait

au front une ride chagrine. Et c'est sans
doute que mon collègue, auteur d'un gros
in-octavo, solide et plein, sur la *Démocratie
socialiste allemande*, ne prévoyait que trop
la défaite des « réformistes » ; c'est aussi que
le professeur de Genève est d'un tempérament plutôt mélancolique.

Édgard Milhaud est un autre « naïf » (il
faut tant de naïveté pour faire un socialiste
sincère !) mais d'une naïveté toute différente
de celle qui éclate et rayonne en Jaurès. On
ne saurait imaginer un contraste plus frap-
pant qu'entre ces deux hommes ; l'un tout
« en dehors », expansif, débordant, hilare ;
l'autre timide, taciturne, rentré, pudique.
Tous deux également convaincus ; mais l'un
exprime sa conviction brûlante comme la
raison de l'*Internationale* « tonne en son cra-
tère » ; l'autre distille sa pensée en paroles
rares, lentes, exactes et froides. Il suffit
pourtant de l'écouter deux minutes pour sentir combien ses idées lui tiennent au cœur,

et tout ce qu'elles découvrent de bonté se-
crète. Quel dommage que, dans notre vocabulaire socialiste, le mot de « pur » soit
devenu presque infamant ! Je n'en connais
point qui dise mieux l'âme austère et suave
de ce docteur en philosophie.

— Avez-vous lu le dernier article d'Adler ?
demanda Milhaud, dès l'abord.

— Non, dit Jaurès, qui, ce jour-là, par
extraordinaire, semblait ne pas attacher une
importance « mondiale » aux jugements que
nos camarades austro-hongrois veulent bien
porter sur la politique française.

— Alors, il faut le lire, dit Milhaud un
peu sévèrement.

Et il lui mit sous les yeux le numéro du
journal.

Docile, Jaurès chaussa son binocle, et lut,
— ponctuant sa lecture d'exclamations ra-
vies : « Parfait ! Admirable ! Il est tout à
fait d'accord avec nous... Quand je vous disais... » Et Jaurès était si content qu'à cha-

que phrase son binocle sautait de joie sur la table.

— Il faudra citer cet article, dit Milhaud, hochant la tête.

— Je crois bien ! s'écria Jaurès ; nous en tirerons des arguments décisifs au congrès.

— C'est pour cela que je vous l'apporte ; gardez-le...

Mais Jaurès repoussa le papier, comme un présent dont il n'eût pas été digne.

—Non, non, ne me laissez pas ce journal : je le perdrais... Mais vous venez à Amsterdam, n'est-ce pas ?

— Je pars tout à l'heure.

— Eh bien ! mettez-le dans votre poche, vous me le rendrez là-bas.

— C'est entendu, répondit Milhaud, sans rire.

Et il boutonna sa redingote sur le précieux article. Puis, comme s'il prenait une brusque résolution, il s'approcha de la table et murmura d'une voix sourde, anxieuse :

— Ecoutez, Jaurès...

A le voir si grave, la figure contractée par
une émotion soudaine, je me demandai un
instant s'il ne s'apprêtait pas à décharger
sa conscience d'un secret trop lourd, et j'es-
quissai le geste de me retirer, par discrétion. Mais il me retint.

— Non, murmura-t-il, vous n'êtes pas de
trop.

Et, pesant ses syllabes, il dit :

—L'erreur essentielle des révolutionnaires
consiste à croire que l'on peut modifier le
cours de l'évolution politique par une brusque intervention aux heures de crise ; il faut
leur faire comprendre que, pour être efficace, notre action parlementaire doit être
constante...

Il disait cela, en allongeant le cou vers
Jaurès, inclinant sur lui son profil de chèvre
inquiète et méticuleuse. Il disait cela, une
main serrée derrière le dos, l'autre ouverte
en forme de coupe sous son menton, comme

pour recueillir ses paroles, une à une, à
mesure qu'elles tombaient de ses lèvres ; et
cette main, comme toute sa personne, mar-
quait bien la valeur exceptionnelle qu'il leur
attribuait, à ces paroles, et qu'elles avaient
en effet dans sa bouche ; car elles n'en sor-
taient qu'avec un effort pénible, presque
douloureux, comme s'il les tirait, les arra-
chait du plus profond de lui-même. Il disait
cela, comme on « avoue » son amour à dix-
huit ans, ou comme on confesse un crime ;
et c'était bien toute sa conscience qui
tenait dans chacun de ces mots. A les entendre, on devinait qu'il avait fait le voyage
de Genève à Paris tout exprès pour les
dire à Jaurès ; et Jaurès, d'ailleurs, les
écoutait pieusement, comme des vérités ré-
vélées. Il y avait tant d'autorité, de force et
de vertu concentrées dans l'accent de cette
voix, qu'il en demeurait saisi, figé, béant
d'admiration... Ah ! qu'ils étaient amusants
et touchants à regarder, ces deux hommes,

en cette minute ! Et pour nous consoler des
sottises et des vilenies, dont le parti socialiste lui-même n'est pas exempt, pour nous
rendre quelques illusions perdues, ne nous
suffirait-il pas d'avoir vu pareillement, à un
détour de la vie, se refléter l'une dans l'autre
ces deux âmes de cristal ?

Quand Milhaud eut fini de « débourrer »
sa conscience, Jaurès poussa un cri d'enthousiasme :

— Oui, c'est bien cela qu'il faut *leur* dire !
Attendez que je le note...

Et Jaurès saisit sa plume comme une pioche ; et en travers d'une grande feuille de
papier blanc, il écrivit de sa grande écriture...

Non, vous ne me croirez pas si je vous
dis ce que Jaurès, pour résumer les confi-
dences idéologiques de notre excellent camarade Edgard Milhaud, écrivit de sa grande
écriture sur une grande feuille de papier
blanc ; mais je vous le dirai tout de même,

au risque d'être taxé d'imposture ; je vous
le dirai, parce que ce souvenir me donne
encore de la joie, et que je veux généreuse-
ment vous la faire partager, même si vous
ne me croyez point. Jaurès écrivit, imper-
turbable :

Les choses ne se font pas toutes seules.

Rien de plus. Puis, sans attendre que
l'encre fut séchée, il plia la grande feuille
en quatre, et la mit dans sa poche, tout
contre son cœur. Ah ! celle-là, vous pouvez
être sûrs qu'il ne l'a pas perdue en route ;
et si les quelques mots que je viens de trans-
crire ne vous représentent rien, c'est que
vous êtes incapables d'apercevoir tout ce
que Jaurès y avait mis, et tout ce qu'il y a
retrouvé ; pour ma part, je ne serais pas
étonné d'apprendre que de ces mots-là Jaurès eût tiré, rien qu'en les étirant, toute la
substance de sa merveilleuse harangue
d'Amsterdam...

*
* *
* *

Toujours est-il que Jaurès en est revenu
comme il y était allé, triomphant. Et sans
doute les gazettes nous ont bien rapporté
qu'une motion, réprouvant en termes rudes sa
politique hétérodoxe et corruptrice, fut votée
par le congrès à une majorité « écrasante ».
Mais Jaurès n'en fut rien moins qu'écrasé ;
et l'on eut beau nous dire le nombre de voix
qui avaient prononcé sa condamnation, Jaurès n'eut pas de peine à nous convaincre
au retour, qu'il est encore plus éloquent que
les chiffres. Au reste, s'il entreprit de nous
remontrer qu'il était vainqueur tout de
même, ce ne fut point pour essayer de nous
en faire accroire ; non, il le croyait vraiment, profondément, candidement ; et ce
qu'il y a de plus fort, c'est qu'il avait raison,
en dépit des chiffres et de Bebel...

Bebel ! Celui-là, par exemple, Jaurès ne

lui a pas encore pardonné ses plaisanteries
blasphématoires sur le suffrage universel
que nous devons aux Deux-Décembre et cette
bonne « république bourgeoise », dont nous
a fait cadeau le vainqueur de Sedan. Si l'on
peut dire ! En lâchant ces deux colossales
boutades, ce pince-sans-rire de Bebel, qui
connaît Jaurès aussi bien que nous, n'eut
apparemment d'autre dessein que de le faire
monter à l'échelle. Et le fait est qu'il y a
pleinement réussi. Du coup, Jaurès a déclaré
la guerre à l'Allemagne, et pour répondre
aux deux mots de Bebel il a écrit vingt articles, qui, s'ils ne vengent pas le traité de
Francfort, sont au moins une éclatante revanche de l'esprit français sur l'idéologie
teutonne...

A propos, quand va-t-on nous les réunir
en volume, ces articles ? Nous sommes quelques-uns à éprouver le besoin de les relire,
ne fût-ce que pour oublier un peu la série
de chroniques déconcertantes, où l'auteur

des *Preuves* crut devoir examiner tous les dessous de l'affaire Syveton à la loupe, et même au speculum.

*
* *

Il est bon.

Rappelez-vous de quel accent, dans une de ses conférences du Trocadéro, il nous répéta le mot du Juste de l'ancienne Egypte au souverain Juge : « Je n'ai jamais fait pleurer... » Ce mot-là, nous avons tous senti que Jaurès pouvait le redire, et qu'en le redisant, c'était son cœur qui parlait...

« Pour moi, écrit Renan, il m'est impossible d'être dur pour quelqu'un *a priori*. Je suppose que tout homme que je vois pour la première fois doit être un homme de mérite et un homme de bien, sauf à changer d'avis (ce qui m'arrive souvent) si les faits m'y forcent. » Jaurès a battu le record de l'indulgence renanienne. Rien n'entame son optimisme et son parti-pris d'universelle

bienveillance. Vous n'arriverez pas à le convaincre, par exemple, que le sénateur Del-
pech n'est ni un homme de mérite, ni un
homme de bien ; et les faits les mieux établis ne le forceront jamais à en convenir...

* *
*

Bonté, ingénuité, simplicité : cela fait en
tout une âme de petit enfant délicieusement
limpide.

Supposez maintenant que cette âme, tout
en gardant sa fraîcheur et sa délicatesse
d'impressions premières, oui, sans rien perdre de sa sensibilité vierge, ait appris passionnément tout ce qu'on peut apprendre ;
qu'une telle science, loin de tarir l'imagination, l'ait au contraire exaltée et fécondée ;
qu'à la culture des livres s'ajoute celle des
foules ; que, « mise au centre de tout comme
un écho sonore », cette âme recueille, am-
plifie et harmonise toutes les vibrations du
milieu social, plaintes et rires, cris de ré-

volte et chansons d'espoir ; qu'elle s'exprime
par le verbe le plus somptueux et le plus
flamboyant, et vous aurez un grand poète.
Car, au fond, le grand poète n'est rien de
plus ni de mieux qu'un petit enfant qui parle
très bien...

Sans doute, pour vous montrer mon Jaurès poète lyrique, il conviendrait de le prendre comme Renouvier a pris Hugo, et je
sais trop bien que, même si j'en avais le
loisir, je n'en serais pas capable. Car il
faudrait vous démonter, pièce à pièce, le
mécanisme de sa pensée. Et l'on observerait
d'abord qu'il y a deux grandes familles d'esprits : les « intellectuels » purs, et les artistes. Ceux-ci ne se nourrissent que de sensations ou d'images, et la réalité n'est pour
eux que formes et couleurs : toute l'intelligence du peintre tient dans sa rétine, de
même que le sculpteur ne pense qu'à coups
de pouce. Ceux-là, les intellectuels, sont au
contraire généralisateurs, déductifs, systé-

matiques. Ils ne conçoivent que par emboî-
tement d'abstractions, et s'expriment de
même. Tel est ce professeur de la Faculté de
médecine, que mon ami le Dr Besançon, qui
n'est pas originaire de Gascogne, a ouï dire
cette chose belle : « La cessation de l'hyper-
thermie détermine une euphorie remarquable. » Ce qui, s'il faut en croire le savant
Journal de Médecine interne, signifierait tout
bonnement dans l'idiome des gens du commun : « Quand on n'a plus la fièvre, on se
porte mieux. »

Bien entendu, ces deux types spirituels,
que distingue et oppose la psychologie, sont
des cas extrêmes, des « limites » : et nul ne
s'avisera de soutenir que le logicien soit dé-
pourvu de toute sensibilité, ou que l'artiste
soit absolument dénué d'idées générales.
Mais ce qui est infiniment rare, c'est que la
fonction sensitive et la fonction rationnelle,
comme dit l'école, soient développées chez
le même homme au même degré supérieur :

or, si je ne m'abuse, voilà précisément l'éminente originalité de Jaurès : c'est qu'il est à la fois un grand intellectuel et un grand artiste. Chez lui, les idées ne sont jamais des abstractions : comme le vin fruité a goût de raisin, elles gardent le parfum et la saveur de la vie. Ou, si l'on préfère, tout comme Platon, — parfaitement, — Jaurès *voit* le « général » et nous le *fait voir*. Sa pensée se déroule sous nos yeux, en images. Quand il argumente, on dirait qu'il feuillette un album. Ce n'est pas un rien. C'est comme si quelqu'un réussissait, par exemple, à cinématographier la *Critique de la Raison pure* et nous rendait sensibles, en les faisant défiler sur un écran, toutes les déductions de la dialectique transcendantale.

Je signale ceci au jeune agrégé des lettres qui cherchera un « joli sujet de thèse », vers l'an 2000. Qu'il relise notamment ce que Jaurès a écrit sur le blé, la houille, la découverte du feu, et, par quelques citations

congrues, il n'aura pas de peine à confirmer
ce que j'avance. Il pourra même ajouter
que le lyrisme de Jaurès ne ressemble en
rien à celui des poètes modernes, dont
M. Brunetière a si souvent déploré le « sub-
jectivisme » étroit et bouffi d'orgueil. Jaurès,
lui, est un lyrique de l'école objective ; dans
ses chants, il ne procède pas à la dissection
vaniteuse de son moi ; il ignore les imagi-
nations précieuses et les analyses tarabis-
cotées auxquelles se complaisent nos poètes
de décadence ; comme les aèdes des temps
primitifs, Jaurès s'absorbe dans la nature ;
il célèbre tour à tour les intempéries et les
agréments des saisons ; c'est aux variations
de l'atmosphère, aux phénomènes météoro-
logiques les plus simples qu'il emprunte ses
thèmes favoris. Il se joue parmi les quatre
éléments. Le jour et la nuit, l'aurore et le
crépuscule, le soleil et la pluie, la brise et
l'ouragan, le feu et la glace, les bois et les
monts, le ciel et la terre, sans oublier la

mer, lui fournissent à l'infini des métaphores
et des hyperboles toujours neuves ; oui, vraiment, à l'entendre, on croirait qu'elles n'ont
jamais servi... (1)

*
* *

Mais le plus beau, c'est que Jaurès ne se
borne pas à composer des poèmes ; *il les vit.*

Voyez plutôt son duel avec Déroulède. Si
vous ne tenez pas compte du « facteur » lyrique, je vous défie bien de m'expliquer à
quel mobile put obéir Jaurès en lançant ce
cartel.

Comment ! Voilà un homme qui nous fait
les plus magnanimes discours sur le désar-
mement universel et la « fraternité mondiale » ; il nous remue, il nous échauffe, il
nous « emballe » ; nous demandons tous
avec lui que les gouvernements des nations

---

(1) Lire notamment la curieuse anthologie de métaphores,
de paraboles et d'hypotyposes que l'*Œuvre* a publiée sous
ce titre : *Poésies* de Jean Jaurès (cinquante centimes).

dites civilisées s'entendent pour mettre fin
à la boucherie russo-japonaise ; et tout soudain, quand nous commençons à nous figurer, bonnes bêtes, que les temps sont pro-
ches et que la semaine prochaine nous allons
tous, les joues baignées de larmes et le
cœur fondu de tendresse, nous embrasser à
la ronde d'un bout à l'autre de la machine
ronde, pan ! voilà notre Jaurès qui est pris
d'un effroyable accès de fureur belliqueuse
et qui, par toutes les trompes de la Renom-
mée, informe l'Europe ahurie qu'il vient solennellement de déclarer la guerre à M. Paul
Déroulède. Pendant trois jours, il clame à
tous les échos : « Où sont mes pistolets que je
l'assassine? » Et des notes officieuses nous
apprennent que le meilleur armurier de la ca-
pitale lui en apporte plein une boîte, à choisir. Alors, comme Jeanne d'Arc au sire de
Baudricourt, Jaurès demande au père Combes
de lui prêter pour quarante-huit heures un
escadron de gens d'armes. A leur tête, il

vole à la frontière. Même, il prend le sud-
express pour arriver plus vite au lieu du
carnage. Et, le voyant passer comme un fou-
dre, les cadets de Gascogne chuchotent :
« Cadédis ! quel matamore ! » Et ce n'est
pas de Déroulède qu'ils parlent.

Vrai, quand j'ai lu dans un journal du
soir le télégramme de Jaurès à l'exilé de
Saint-Sébastien, j'ai d'abord refusé de croire
à l'authenticité de ce document. Et pourtant
le style de la dépêche sentait son Jaurès
d'une lieue ; si ce n'était pas de lui, c'était
rudement bien imité.

C'était de lui, hélas ! Nous l'avons pris là
en flagrant délit de poésie lyrique. Mais ne
nous frappons point, camarades, et ne nous
hâtons pas trop de mettre Jaurès en accusation, parce qu'il a violé les principes élémentaires du parti socialiste ; au fond, cette rencontre ne fut qu'une belle antithèse vécue.

En face l'un de l'autre, ces deux hommes
ont conscience de personnifier deux concep-

tions contraires de la patrie ; ce n'est plus M. Déroulède et le citoyen Jaurès : ce sont deux abstractions réalisées, les idées nationaliste et internationaliste qui se posent en s'opposant. Ces deux « idéaux » mis en présence échangent deux balles sans résultat, comme il sied à des idées pures ; et ce qui ajoute au symbole un ragoût d'ironie, c'est que, tout en réclamant l'abolition des frontières, le « sans-patrie » ferme au « grand patriote » la porte de sa patrie ; ou, s'il la lui entr'ouvre un instant, ce n'est que pour essayer, sur le seuil, de lui coller une balle dans la peau...

Ainsi, du même geste, Jaurès parut consacrer ces deux institutions également bourgeoises, le duel et l'exil...

*
* *

— N'importe, pensez-vous ; si Jaurès est comme ça, tout ce lyrisme doit nous faire de fichue politique.

— C'est une erreur.

— Pourtant, si nous en jugeons par cet exemple...

— Eh bien ! Vous avez tort d'en juger par cet exemple. Je vous accorderai tout au plus qu'avec ce tempérament-là, Jaurès — et c'est la rançon de son exubérante sensibilité — est très impressionnable, très ductile, et qu'il paraît être à la merci des influences les plus diverses, ce qui parfois est fâcheux ; car tous ceux qui ont accès dans son for ne valent pas ce brave Edgard Milhaud, que je vous présentais à l'instant.

Cela me rappelle un mot de Jaurès au congrès de Saint-Etienne. C'était le temps où les feuilles réactionnaires l'accusaient chaque matin d'aspirer à la dictature, et je ne sais plus qui nous avait resservi cette bourde. Jaurès leva les épaules et les bras d'un air éploré ; et, du ton presque larmoyant de la petite fille qu'on soupçonne à tort d'avoir fourré son doigt dans le pot de confiture, il se récria :

— On dit tout le temps que c'est moi qui mène les autres ; et c'est tout le temps les autres qui me mènent !

Il semble en effet que Jaurès (n'est-ce qu'une apparence ?) se laisse trop aisément embarquer sur tous les bateaux qu'on lui montre. C'est ainsi, notamment, qu'il est devenu la proie des Juifs...

— Hein ? Vous dites ? Vous doutez-vous que vous venez de parler exactement comme la *Libre Parole* ? Est-ce que par hasard vous seriez antisémite ?

— Pour qui me prenez-vous ? Théoriquement, il est de toute évidence que l'antisémitisme est abominable ; mais...

— Mais quoi ? Vous n'allez pourtant pas nous dire que les Juifs vous répugnent presque autant que l'antisémitisme ?

— Non certes, je n'irai point jusque-là ; on ne sait jamais ce qui peut arriver, et j'ai déjà tant d'ennemis, déclarés ou sournois, que, par prudence, je préfère ne pas me mettre encore sur les bras ces cent mille hommes, car ils sont cent mille en France, et quels hommes ! D'ailleurs, suivant la formule, j'en connais de charmants ; et tous ceux qui lisent *l'OEuvre* sont exquis. Je suis incapable d'oublier, d'autre part, que mon meilleur maître du lycée Louis-le-Grand se nommait Lévy-Bruhl... Bref, je n'irais même pas jusqu'à dire, comme Paul Brulat, que j'ai besoin de me cramponner désespérément à ma raison, pour ne pas me laisser choir dans l'antisémitisme. Mais enfin...

— Enfin, que signifient ces réticences et ces ambages ? Prenez garde : vous avez tout l'air d'un antisémite honteux.

— Que diable ! Parce que je ne suis pas antisémite, serai-je donc forcé maintenant de devenir sémite ? Est-ce qu'il n'y a pas un juste milieu, qui pourrait ne pas être un milieu judaïsant ? Je vous jure encore une

fois que je n'ai aucun préjugé de race ni de
couleur ; est-ce que cela ne vous suffit
point ? Tenez ! J'ai autant de plaisir, en
somme à voir une belle juive qu'une belle
négresse... Mais il faut que je vous conte un
souvenir du père Daudet, qui me revient à
propos. C'était un dimanche matin, rue de
Bellechasse. J'étais alors un tout petit garçon, élève de Sainte-Barbe, et, les jours de
sortie, j'allais lire au maître ma dernière
page d'écriture. Ce dimanche-là, Daudet me
dit à brûle-pourpoint, avec son air d'aus-
culter les consciences et ce regard en vrille
qu'il avait sous son monocle : « Qu'est-ce
que vous pensez des livres de Drumont ? »
Je n'en pensais absolument rien, car je ne les
avais pas lus, et j'étais même tellement ignorant des choses et des personnes contemporaines, que je lui posai à mon tour cette
question stupéfiante : « Celui qui a fondé la
bibliothèque de la Sorbonne ? » J'en étais à
confondre Edouard Drumont avec Albert Du-

mont, que d'ailleurs je ne connaissais pas davantage. Alors Daudet m'expliqua ce qu'était l'antisémitisme ; mais il eut beau me l'expliquer, je n'y compris goutte. Ce que voyant, il me montra cette image : « Quand vous étiez gamin, fit-il, vous vous êtes amusé, j'en suis sûr, en vous promenant, à soulever de grosses pierres au bord des chemins, pour voir ce qu'il y avait dessous ; et presque toujours, dans le creux, vous avez surpris une bande de cloportes ou dérangé trois ou quatre bêtes noires et luisantes, se frictionnant les antennes dans le coin le plus sombre et le plus sale, comme si elles complotaient un mauvais coup... Eh bien ! mon fils, retenez ceci pour votre gouverne : toutes les fois que vous soulèverez des pierres, sur votre route, vous trouverez dessous trois ou quatre Juifs à l'affût, dans la même posture... » Depuis lors, combien de fois ai-je vérifié la justesse de cette remarque ! Sous toutes les pierres que j'ai retournées, j'ai trouvé tapis les cloportes et les vilaines bêtes noires. Toutes les fois qu'il m'est arrivé quelque chose de désagréable, c'est presque toujours parce qu'un Juif m'avait dans son nez. Tout cela ne m'a pas rendu antisémite, non, certainement , mais, au lieu de m' « attraper », comme vous faites, convenez que j'y ai beaucoup de mérite.

— Convenez vous-même que, sous vos grosses pierres, vous avez trouvé bien d'autres cloportes, qui n'étaient pas israélites.

— Il est vrai ; mais, s'il y a dans le nombre quelques « ariens » pervers, faites le pourcentage, et dites-moi ce qu'il en faut conclure. Ne donnons point dans les spéculations sociologiques trop ambitieuses : rappelons-nous seulement qu'il y a en France trente-huit millions d'habitants, dont cent mille Juifs. Il n'y a pas besoin d'appliquer ici la « loi des grands nombres » ni même d'être très fort en calcul pour découvrir que chez

nous, sur trois cent quatre-vingts âmes,
comme parlent les vieux géographes spiri-
tualistes, il y en a une seule d'origine hé-
braïque. Descendez maintenant ou remontez,
à votre choix, notre « échelle » sociale, et
voyez ce que devient votre proportion, tant
dans les classes digérantes que dans les
classes comestibles. Je vous défie bien de
trouver un seul fils de Sem parmi 380 ouvriers des champs, pris au hasard. En revanche, sur 380 préfets, dites-moi combien
vous rencontrez de fois M. Worms-Clavelin ;
faites le même compte pour la magistrature,
l'enseignement, toutes les administrations.
Recommencez pour les « professions libé-
rales », les arts, la littérature, le théâtre,
surtout le théâtre ! Les Juifs sont partout,
tiennent tout. Et je ne suis pas antisémite,
assurément, mais, à moins de m'arracher
les yeux, vous ne n'empêcherez pas de voir
que notre « corps social » a cent mille poux
sur la tête.

— Oh ! Pourquoi empruntez-vous cette injure à la basse démagogie antisémite ? De
ce que nous avons beaucoup de Juifs sur la
tête, en résulte-t-il nécessairement qu'ils
soient tous des insectes parasitaires ? Au
fond, c'est la jalousie qui vous excite. Et
vous avez la prétention d'être socialiste ! Un
socialiste véritable n'aurait jamais tenu ce
langage.

— Vous avez donc la mémoire bien
courte : il fut un temps, qui n'est pas si
loin, où nos « leaders » mangeaient du Juif
comme ils mangent aujourd'hui du curé, et
pour les mêmes raisons, c'est-à-dire pour
combattre à la fois le cléricalisme et le capi-
talisme.

— C'était avant l'affaire.

— Oui, et les affaires sont les affaires.

— Parlez-nous un peu du syndicat, pendant que vous y êtes. Voyons, est-ce que
Dreyfus n'était pas innocent ?

— Il l'était trop. Et nous aussi, peut-être...

— Taisez-vous : je vous dis que vous êtes un antisémite.

— Non, tout au plus un... « asémite ».

— Qu'est-ce encore que ce mot d'ostracisme et de haine ?

— Allons, ne vous fâchez pas ; je n'ai voulu mettre en ce discret néologisme aucune intention malveillante. Il ne constate qu'un fait malheureusement incontestable (*a* privatif, sémite), savoir que je suis privé de tout ce qui constitue le sémite. Et mon néologisme n'exprime que l'admiration et le regret.

— L'admiration !

— N'en doutez point : de même qu'il existe des races inférieures, il y a une race très supérieure, qui est la juive. Et je reconnais trop son excellence pour ne pas regretter amèrement de ne pas en être. Mais cela m'est bien défendu ; et c'est ici qu'é-

clate encore, sous une autre forme, l'humi-
liante supériorité des fils de Sem. Car j'aurais beau le désirer de tout mon cœur,
jamais je ne réussirais à me faire Juif ; tandis qu'un juif, pour devenir pareil à nous,
n'a qu'à se faire verser une demi-tasse d'eau
sur la tête...

*
* *

Que présentement Jaurès ait partie liée
avec un syndicat juif, c'est indubitable. Jaurès lui-même ne s'en cache point : ce n'est
pas son genre. Et quand je parle de « syndicat juif », je prends, bien entendu, le mot
syndical dans le sens le plus socialiste.

D'ailleurs, commercialement et politique-
ment, ce pacte d'alliance n'a rien que de
très honnête. Si quelques gros capitalistes
d'Israël commanditent *l'Humanité*, ils ne font
que payer à l'auteur des *Preuves* une dette
de reconnaissance. Par surcroît, il ne leur
était pas interdit de faire une petite affaire,
en monnayant du même coup la gloire de

Jaurès et l'auréole de Dreyfus martyr. La combinaison paraissait d'autant plus profitable que le célèbre docteur Herr avait promis son concours. Or, on ne sait pas assez que le docteur Herr n'est pas seulement un étincelant chroniqueur ; c'est encore le plus consommé des bibliographes, et, pour un bibliographe de ce format, vous pensez bien que la tenue des livres n'a pas de secrets. Le célèbre docteur Herr jura donc de faire réussir *l'Humanité* aussi brillamment que la *Volonté* et que sa librairie de la rue Cujas. On me dit qu'il tient parole.

Voilà pour les Juifs, ou leurs commis. Du côté Jaurès, l'entreprise n'était pas moins heureuse. Jaurès a fort bien vu que, pour quelques années au moins, la réaction sémite qui a suivi la victoire dreyfusarde coïnciderait avec l'action socialiste. Il y avait là une force qu'il était parfaitement légitime d'utiliser ; et puis, emprunter leur capital aux capitalistes pour les écraser dessous,

c'est toujours d'une belle ironie révolutionnaire. Jaurès est trop artiste pour ne pas
en jouir.

C'est une plaisanterie familière aux ortho-
doxes du parti de prétendre qu'à cette heure
tout le monde est socialiste, même le pape.
Il y a pourtant quelque chose de plus réjouissant que le socialisme du Saint-Père ;
c'est celui des barons de Rothschild. Mais
combien durera-t-il ? Ne s'apercevront-ils
pas, un jour ou l'autre, qu'ils sont après
tout des bourgeois notables, et que ce petit
jeu, d'ailleurs élégant, risque de leur coûter
fort cher ? Ou bien n'y ont-ils vu qu'un
moyen de faire la part du feu ? N'ont-ils jeté
qu'un gâteau de miel au molosse collectiviste ? N'ont-ils signé, avec les grands chefs
du réformisme, qu'une police d'assurance
contre la Révolution ? Toujours est-il que
finalement il y aura quelqu'un de roulé, Sem
ou Jaurès. Et je ne crois pas que ce soit
Jaurès...

*
*   *

J'entends quelqu'un qui m'objecte :

— Comment le pouvez-vous croire ? D'a-
près vous, Sem est si retors, et Jaurès si
candide ! Prenez garde : vous allez vous contredire.

Je le vois bien, mais c'est exprès. N'est-
ce pas en soulignant ces traits contraires
que nous marquerons les contours de cette
ample figure, dont la vie puissante et riche
n'est qu'une instable et perpétuelle synthèse
de toutes les contradictions ? Ce disciple de
Hegel n'est-il pas lui-même le meilleur com-
mentaire de la dialectique hégélienne ?

C'est ainsi qu'il peut être à la fois très
ingénu et très matois. Et je n'entends point
que sa candeur soit étudiée, ni qu'il y faille
voir une suprême astuce. Non, cette candeur, qui n'est pas feinte, est celle des forts,
toujours sûrs de retrouver leur force, à
l'heure de la lutte.

C'est ainsi pareillement, que j'ai pu vous le montrer tour à tour comme un universitaire bien sage et comme un lyrique tumultueux ; car il accorde en lui la méthode et la fougue, les vertus exactes et la fantaisie passionnée.

De même, je vous ai dit : « Jaurès sait toujours où il va, et comment, et pourquoi il y va. » Et vous l'avez vu d'autre part se laissant mener en bateau par tous les bateleurs. C'est lui-même qui nous le confesse. Mais à vrai dire, on ne mène Jaurès que là où il veut aller, et dès qu'il s'embarque, c'est pour s'asseoir au gouvernail.

De même encore, sous ses airs distraits, il demeure très clairvoyant. Ses distractions, comme il arrive chez les méditatifs, ne sont que la conséquence et la marque d'une attention fortement concentrée, toujours bandée dans le même sens. Peut-être aussi ne daigne-t-il pas voir, parce que ce n'est pas toujours joli à regarder, ce qui se passe autour de lui, dans son ombre, tout ce qu'on manigance dans son dos, ou sur son dos. Il voit trop grand et trop loin pour s'arrêter à ces détails ; un homme qui verrait dans la lune n'aurait-il point le regard trop perçant pour apercevoir le bout de son nez ?

Toujours de même, il nous prouve que l'on peut avoir le tempérament et les allures d'un poète romantique, — moins le physique et le spleen, — et tout ensemble être un politique très lucide, très avisé, très « fort ». Pour s'en étonner, il faudrait ne connaître ou n'admettre que la politique des politiciens vulgaires, l'opportunisme à la petite semaine. Mais de ce que la politique lui apparaît à la fois comme un système et comme un poème, Jaurès n'en est pas moins, ou plutôt n'en est que plus un homme d'Etat. La part léonine qu'il eut aux affaires, sous le ministère Combes, n'a-t-elle pas souvent rappelé ce « moment unique, dont parle Gustave Lanson, où Lamartine fut à lui seul

tout le gouvernement, et gouverna par son
éloquence de poète, calmant, maniant, puri-
fiant les passions populaires, contenant la
révolution qu'il avait faite », ou presque ?
Et voyez donc encore si cette autre phrase
ne s'applique pas à Jaurès : « Siégeant,
comme il disait, au plafond, Lamartine s'é-
tait donné le rôle de jeter, au travers de la
discussion des intérêts, toutes les nobles
idées de justice, d'humanité, de générosité,
faisant simplement sa fonction de poète, tâ-
chant d'élever les consciences et versant sur
les politiciens toute la noblesse de son âme
en larges nappes oratoires. »

Pourtant, il y a chez Jaurès quelque chose
de plus — ou de moins — que chez Lamartine : ce politique est aussi un politicien. Et
je ne suis pas de ceux qui le déplorent. A
moins de nier absolument l'efficace du socialisme parlementaire, ne faut-il pas tolé-
rer que les champions de notre cause se
plient aux conditions et aux exigences du

parlementarisme ? Si nous les envoyons à la
Chambre, je me figure que ce n'est pas simplement pour y aboyer ; partant de ce principe, il me plaît que Jaurès soit un parlementaire incomparable.

Ce n'est pas à dire, d'ailleurs, que je me
le représente comme un tacticien machiavé-
lique ou, pour parler leur langue, comme
un « manœuvrier qui la connaît dans les
coins » ; non, dans les couloirs, il doit plutôt faire l'effet du taureau qui rôde, cher-
chant l'entrée de l'arène ; je l'imagine volontiers passant à travers les intrigues et
marchant sur les « combinaisons », comme
l'éléphant écrase sans les voir les pièges
tendus pour les belettes...

*
* *

Est-ce diminuer Jaurès, que de le regarder comme un grand poète populaire et de
l'expliquer tout par l'effusion lyrique ? Non
point, si l'on rend au mot son sens premier,

le plus ample et le plus noble : un « poète »,
n'est-ce pas un « créateur » ?

Ce que Jaurès a créé chez nous, ou ce
qu'il nous a rendu, c'est la politique idéaliste ; et je ne sais si elle est sur le point de
faire faillite, comme on nous le prédit (1) ;
mais si Jaurès n'est pas l'homme que nous
avons cru voir, s'il n'est en fin de compte
qu'un politicien pareil aux autres, si son
poème n'est qu'une nouvelle « chanson »,
s'il s'en tient à cette devise : « Bien dire et
laisser faire », en un mot, si le bon ouvrier,
n'est qu'un bon faiseur, — tant pis pour

---

(1) « J'ai passé une demi-heure à la Chambre samedi. Les
conversations y révèlent une conception pire encore qu'on
ne peut la deviner d'après les journaux. Cela me donne
envie de faire un article sur la *Banqueroute de la politique
idéaliste*. Car c'est bien une politique idéaliste qu'on
croyait inaugurer en 1899. Et au lieu de justice, de vérité,
de raison, de paix internationale et de paix civique, il ne
s'agit là-bas que de la vente des palmes académiques,
d'intrigues payées sur les fonds secrets, de l'espionnage
des députés par leur collègues, etc. La *Ligue des Droits
de l'Homme*, ici, est tombée aux mains des politiciens de
métier. J'ai peur qu'il n'en soit de même à Paris. »
(Lettre de Paul Lapie à C. Bouglé, publiée par Péguy.)

lui, tant pis pour nous, tant pis pour les milliers d'âmes auxquelles il donna l'essor et qui tomberont avec lui de très haut...

*
* *

Tel qu'il est, c'est le maître de l'heure. Et j'en suis très fier. Car nous avons tous le même plaisir, n'est-ce pas ? à penser qu'il pense comme nous. Rien que cela nous procure l'innocente et flatteuse illusion, que nous participons à son génie et à son empire. « Peuple, disait l'autre, guéris-toi des individus. » Sans doute ; mais en attendant qu'il s'en guérisse, si c'est un mal, le bon peuple que nous sommes éprouve tout de même plus de contentement à se reconnaître dans un bel homme que dans une brute.

Pour mieux mesurer la place que tient Jaurès dans la politique et dans l'histoire contemporaines, supposez une minute qu'il disparaisse et — sans méconnaître la valeur de ses lieutenants — tâchez de vous représenter quel marécage coassant deviendrait aussitôt le parti républicain. La pierre de taille que Jaurès apporte à l'édifice, c'est bien la clef de voûte. Otez-la : tout croule...

Et ne me dites plus surtout que Jaurès n'est pas socialiste. C'est bien possible, mais ça m'est égal. Ce qu'il fait présentement m'intéresse fort et me paraît très bon : si ce n'est pas du socialisme, comme l'assurent nos docteurs, j'en suis désolé pour le socialisme et pour les docteurs.

Néanmoins, j'ai comme une idée que nos docteurs s'abusent. Et ce n'est pas dans Marx, ni même dans Rodbertus, que j'en trouve la preuve, mais dans les gazettes bourgeoises qui se piquent d'idées générales. Je ne sais rien de plus réjouissant que d'entendre les bons apôtres du *Temps*, des *Débats* ou du *Figaro*, donner à Jaurès des leçons de socialisme, en lui opposant l'orthodoxie guesdiste. « Ah ! s'écrient-ils avec une émotion contenue, parlez-nous de M. Guesde!

Celui-là, au moins, est fidèle à ses principes ; pour lui, la Révolution sociale est un
bloc, et il le veut tout entier, tout de suite.
Pas de compromis avec les bourgeois, pas
de quartier aux capitalistes ! A la bonne
heure ; voilà qui est parler ! Avec un tel ad-
versaire, nous savons immédiatement à quoi
nous en tenir ; tous les bourgeois, on les
pendra. Oui, citoyen, nous comprenons ;
c'est une justice à vous rendre, et nous vous
la rendons de tout cœur, que vous ne cachez
nullement votre jeu : vous nous pendrez
tous, c'est convenu, par amour des hommes. Oh ! l'amour d'homme que vous êtes,
vous-même... Quelle franchise ! Quelle
loyauté ! Quelle droiture ! Et comme cette
noble sincérité, cette pureté d'intentions,
cette belle intransigeance doctrinale vous
font honneur, quand on les compare aux pa-
linodies et aux pirouettes de ce baladin qu'est
M. Jaurès. Ah ! parlez-nous du citoyen
Guesde : quel brave homme de révolution-

naire ! Et comme les congressistes d'Amsterdam ont eu raison de lui donner raison... »

Ainsi devisent les bons apôtres du *Temps*, qui s'y connaissent, en somme, aussi bien que Rodbertus, puisqu'ils sont les principaux intéressés en cette affaire. Et ils marquent si bruyamment leurs préférences pour la solution rouge, qu'ils me confirment aussitôt dans la conviction que Jaurès leur fait une peur bleue. Ça me suffit.

S'il vous faut une preuve nouvelle que Jaurès tient le bon bout, c'est la victoire qu'il a remportée au congrès d'Amsterdam : car, ainsi qu'il nous l'affirmait naguère, avec une obstination qui nous parut toucher à l'effronterie, ce fut bien une victoire décisive. N'a-t-il pas eu le dernier mot, puisque l'unité du parti socialiste se réalise enfin comme il l'avait conçue, voulue ? Et pensez-vous que dans le parti socialiste ainsi reconstitué, c'est Guesde qui fera désormais la loi à Jaurès ?

Ecoutez plutôt cet apologue :

Il y avait une fois un grand penseur, qui s'appelait Karl Marx. Ce grand penseur émit un jour cette grande pensée : « Le bourgeois, c'est un vilain oiseau. » Puis, ayant médité quelques années, il ajouta : « Pour faire la révolution, il suffit de lui mettre un grain de sel sur le bout de la queue. » Et il écrivit un gros livre pour le prouver. Telle fut l'origine du parti socialiste.

Sur quoi, d'autres grands penseurs écrivirent d'autres gros livres, les uns sur la queue du vilain oiseau, les autres sur le grain de sel qu'il convenait d'y mettre. Sur la queue, tout le monde fut à peu près d'accord ; mais sur le sel, une furieuse controverse éclata. Ceux-ci tenaient pour le sel fin, et ceux-là pour le gros sel. Ceux qui tenaient pour le sel fin traitaient les autres de « brutes » ; les autres, en retour, n'hésitaient pas

à qualifier leurs contradicteurs de « bourgeois » et même de « radicaux », ce qui
était la pire injure. C'est ainsi que le parti
socialiste se divisa en deux fractions irréductibles, qui menaçaient tous les jours de
s'entre-dévorer : les partisans du sel révolutionnaire et les partisans du sel bourgeois,
autrement dit les Gros-Salés et les Petits-
Salés.

Or, la querelle n'en finissait plus. Tous
les ans, une demi-douzaine de congrès, na-
tionaux ou internationaux, se réunissaient
solennellement pour essayer de résoudre
cette palpitante question de tactique saline,
mais en vain. Et le vilain oiseau promenait
toujours à travers le monde sa queue indé-
cente, cependant que les grands penseurs
continuaient à écrire de gros livres sur les
vertus comparées du gros sel et du sel fin.
On crut un jour, il est vrai, qu'un docteur
du parti était sur le point de trancher le terrible problème. Le célèbre docteur Herr an-

nonça en effet qu'il allait bientôt faire paraître, dans une librairie fondée tout exprès,
une importante brochure de trois cents lignes
sur la « Révolution ». A cette nouvelle, le
prolétariat mondial retint son souffle. Nul
ne pouvait douter que le célèbre docteur
Herr n'eût enfin découvert la solution de la
question sociale. Et il l'avait découverte, en
effet, mais, par malheur, il préféra la garder pour lui. Sa brochure ne vit jamais le
jour, car il jugea plus conforme à la méthode critique, et à l'esprit scientifique dont
il est plein, d'attendre que la Révolution fût
faite pour en parler plus congrument. Et il
n'y eut de révolution que dans sa librairie,
qui du coup fit faillite.

Là-dessus, la dispute entre Gros-Salés et
Petits-Salés reprit de plus belle. C'est alors
que survint un homme, à la fois naïf et astu-
cieux, qui dit : « Avant de poser la question
du sel, si nous commencions par attraper
la queue du vilain oiseau ? »

Ce disant, Jaurès s'approcha du volatile en tapinois, et réussit à lui saisir la queue. Si bien qu'oubliant le sujet de leur séculaire discorde, Gros-Salés et Petits-Salés ne songèrent plus qu'à mettre l'oiseau à la broche. Ils se réconcilièrent le ventre à table, et tout le monde se régala ; car si le vilain oiseau avait le cœur dur, il avait par ailleurs la chair aussi tendre que succulente.

Et l'on s'aperçut au dessert que la Révolution était faite (1).

Février 1905.

---

(1) Quelques-unes de ces réflexions purent sembler justes en 1905. Me sera-t-il permis d'en prendre texte, pour faire observer modestement au groupe de Vaux qui me condamna, combien les jugements des hommes sont infirmes?

V

Le Père
de famille

[J'ai déjà rapporté le mot de ce militant du Danube, qui, après la première communion de Mlle Jaurès, interpella son père en ces termes rudes :

— Eh bien ! quoi, Jaurès, pendant que vous nous faites manger du curé, vous faites bouffer le bon Dieu à vot' demoiselle ?

Assurément, je n'aurais pas été capable de trouver une formule aussi brève et aussi saisissante pour résumer le « cas Jaurès ». Mais je n'en sentais pas moins tout ce qu'avait de fâcheux cette contradiction un peu trop voyante ; et — je puis bien l'avouer à présent — j'en souffris dans mon admiration, que mes camarades socialistes m'accusaient alors de pousser jusqu'à l'idolâtrie.

Pourtant, lorsque Jaurès eut ainsi trouvé le moyen de se faire vilipender à la fois par les libres penseurs et par les gens d'Eglise, je m'appliquai de mon mieux à lui chercher des excuses. Et, quand il dut comparaître devant le Comité Général du parti socialiste, présidé par Aristide Briand, sous l'inculpation d'avoir trahi la cause en laissant communier sa fille, je fus à peu près le seul à le défendre (1).

La discussion sur le « cas Jaurès » dura plus d'un mois, et je ne sais plus trop comment elle se termina, — sans doute par l'excommunication de Mme Jaurès. Mais je retrouve dans un vieux journal la substance du petit discours que je prononçai vainement à l'une des séances les plus tumultueuses. Et si je crois devoir le reproduire à cette place, ce n'est point seulement parce qu'il nous montre sous un autre jour l' « humanité » de Jaurès ; c'est aussi parce qu'il me semble emprunter aux circonstances présentes et aux motifs de mon exclusion un intérêt assez piquant.

A charge de revanche, mon cher Jaurès...

CITOYENS.

— Comment ! c'est un chef de parti, et il n'est même pas capable de « commander » à sa femme !

C'est ainsi que l'un de mes bons camarades, une « gueule noire » d'esprit large et fin, jugeait l'autre jour devant moi le « cas Jaurès ». Peut-être jugerez-vous à votre tour que cette façon de raisonner est par

---

(1) Avec Briand.

trop simpliste, et que, pour une fois, l'esprit
de mon camarade manqua de largeur et de
finesse.

Pourtant, si vous relisez avec attention
tout ce qu'on a écrit sur ce déplorable incident, vous observerez que cette naïve réflexion est le thème ordinaire des innombrables réquisitoires prononcés contre Jaurès.
Ce qu'on lui reproche, c'est de ne pas avoir
su — ou de ne pas avoir voulu — imposer
sa volonté à sa femme. Gohier lui-même
écrit :

Désormais la femme, catéchisée par le prêtre,
fortifie sa *résistance* (résistance au mari libre
penseur) d'un nouvel argument : « Et ton Jaurès, n'est-il pas socialiste ? Ma fille vaut bien la
fille de Jaurès. Je vaux bien Mme Jaurès. Pourquoi donc nous *défendrais*-tu ce que ton Jaurès
leur *permet* ? »

Sous les trois mots que j'ai soulignés, vous
retrouverez l'inspiration de l'article 213 du
Code civil, du Code bourgeois : « La femme
doit obéissance à son mari. » Et quand je

songe aux pages éloquentes où Gohier démontrait naguère la légitimité des revendications féministes, je suis quelque peu surpris de le voir à cette heure, pour juger et condamner un socialiste, se placer au point de vue de Napoléon et de Martine, la servante du bonhomme Chrysale :

La poule ne doit point chanter devant le coq ;
Ce n'est point à la femme à prescrire, et nous
[sommes
Pour céder le dessus en toutes choses aux
[hommes.

Considérez d'autre part l'argument tiré de l'autorité paternelle, qu'invoquent le plus volontiers les partisans de l'enseignement dit libre. Nous n'admettons pas que le père dispose de son enfant, qu'il ait le droit de lui imposer son ignorance, ses préjugés et ses erreurs. Et je demeure très convaincu que nous avons raison de ne pas l'admettre. Mais, si vous blâmez Jaurès de n'avoir pas usé en l'occurrence de l'autorité souve raine que la tradition barbare confère au père de famille, comment ferez-vous pour ne pas reconnaître aux pères de famille cléricaux le même droit absolu de confier aux moines et aux nonnes l'éducation de leurs enfants ? Ne touchons pas à ces armes, qui peuvent aisément se retourner contre nous.

Je n'ai la prétention de vous dire ni ce que Jaurès aurait dû faire, ni même ce que j'aurais pu faire à sa place. Car je n'en sais absolument rien. Il me faudrait pour le savoir connaître une foule de choses que je veux ignorer, pénétrer l'intimité de deux âmes, violer le mystère de leur vie sentimentale, étaler sous le jour cru de la place publique et proposer aux rires des goujats leurs secrets les plus douloureux. Et si je savais tout cela, je découvrirais sans doute — ce que je soupçonne — que la prétendue « faiblesse » de Jaurès est une marque nouvelle de son incomparable générosité. Mais je m'en tiens au soupçon, qui vaut bien l'au-

tre ; et quand même j'aurais entre les mains
toutes les pièces indispensables pour instruire ce procès, je ne me croirais pas encore le droit de juger... Mme Jaurès. Car,
en fin de compte, n'est-ce pas elle seule qui
est en cause?

*
* *

De cette désolante polémique, je ne retien-
drai que deux idées générales.

Les réactionnaires tirent argument de l'a-
venture, et nous disent avec une ironique
magnanimité :

— Nous ne reprochons pas à M. Jaurès de
faire élever ses enfants comme il lui plaît,
de transiger avec sa femme et d'admettre
un accommodement avec le Ciel. Nous ne
lui reprochons même pas de ne pas confor-
mer sa vie privée à ses principes, car de
telles contradictions ne peuvent que nous
réjouir. Nous sommes donc très heureux de

féliciter M. Jaurès de son libéralisme conjugal. Mais qu'il nous permette d'en user de même, et de donner à nos enfants l'éducation qui nous paraît la meilleure.

Au premier abord, j'avoue que l'objection est assez déconcertante. Et pourtant, si l'on va au fond des choses, bien loin d'ébranler notre thèse, il me semble que le « cas Jaurès » lui apporte une confirmation définitive.

Supposons en effet — pour admettre l'hypothèse la plus déplaisante — que Mlle Jaurès soit élevée par les sœurs de Villefranche. Vous savez qu'il n'en est rien, et qu'elle suit les cours du lycée Molière. Mais imaginez un instant que Jaurès, circonvenu par les siens, eût consenti à mettre sa fille dans un établissement congréganiste. Qu'en faudrait-il conclure ?

C'est que dans tous les cas, même dans les conditions les plus favorables, même lorsque le père observe une attitude nettement anticléricale et semble offrir le maximum de

garanties, l'enfant reste encore exposé à la
sournoise malfaisance du prêtre et que la
« pieuvre noire » peut toujours allonger vers
son cerveau l'une de ses redoutables tenta-
cules.

C'est dire, et je ne veux pas omettre
cette unique occasion de l'affirmer, que si
nous ne reconnaissons pas le droit du père
et s'il convient d'y substituer le droit de l'enfant, si l'enfant ne peut être regardé comme
la propriété, la *chose* de ceux qui l'ont mis
au monde, mais bien comme une unité sociale, distincte, indépendante, qui demain
doit se suffire à elle-même et qui, pour préparer son autonomie prochaine, a le droit
initial de se développer en toute franchise,
il nous faut accepter avec une logique intrépide la conséquence extrême de notre thèse,
et proclamer avec le plus grand des théoriciens socialistes, le citoyen Platon, que dans
la mesure où le permettent les exigences naturelles, il faut soustraire le plus tôt possi-

ble l'enfant, tous les enfants, à l'influence
familiale, *quelle que soit la famille.*

Sentez-vous bien toute la force de l'argument *à fortiori*, que l'on peut déduire du
« cas Jaurès » ?

— Oui, conclurait un socialiste qui n'aurait pas peur d'aller jusqu'au bout de sa
pensée, c'est bien le procès de la famille
que nous devons instruire. Au point de vue
économique, elle est le principe de toutes
les injustices et de toutes les misères, la
première assise du régime de la propriété in-
dividuelle, l'arche sainte de l'égoïsme bourgeois. Au point de vue moral, elle est l'éternelle maîtresse d'erreur et de mensonge ;
c'est elle qui de génération en génération
transmet tous les préjugés, tous les rites,
toutes les sottises et toutes les iniquités sé-
culaires. C'est elle qui empêche ou retarde
le progrès des idées et des mœurs ; c'est
elle qui lie l'avenir au passé, asservit les
vivants aux morts. Partout et toujours, elle

est l'obstacle. Et tant que nous n'aurons pas dissous dans la pâte sociale ces épais grumeaux que forme la famille bourgeoise, il nous sera impossible de réaliser notre idéal de socialisme individualiste et d'affranchir tous les êtres de tous les jougs.

*
* *

Voici maintenant ma seconde réflexion, et c'est une remarque de mon collègue Jacob qui me la suggère. « Est-il besoin de vous dire, écrit M. Jacob, quelle puissance merveilleuse l'armée cléricale emprunte à l'esprit d'autorité qui l'anime, l'organise et la soutient ? Presque toujours les armées ont vaincu moins par le nombre que par la discipline. Et ce qui est vrai des conflits sanglants de la guerre l'est également des conflits pacifiques et politiques ; sur le champ de bataille de la civilisation, le parti qui l'emporte est presque toujours le mieux organisé, celui qui marche et manœuvre avec le plus d'unité, de rapidité, de sûreté. Or, à ce point de vue, on peut affirmer que nulle organisation au monde n'est comparable à celle du parti clérical. Ce qu'on découvre d'abord chez lui, c'est l'unité de but, de plan, de doctrine : aucune dissidence entre les combattants ; tous suivent le même drapeau, tous prononcent le même credo... »

Et je sais bien quelle est la tare essentielle, la terrible rançon de cette formidable puissance. Mais quand je considère nos luttes intestines, comme j'admire le magnifique exemple de solidarité que nous donnent tous les jours nos adversaires ! Si l'un des leurs commet une faute, tous s'empressent de la taire, et de la faire oublier.

J'ai honte pour mon parti d'en être réduit à faire ces humiliantes comparaisons. Mais voyez quels spectacles nous offrons à nos ennemis. Dès qu'un homme, fût-il le plus probe et le plus pur, semble avoir une défaillance, — je dis *semble*, — aussitôt ceux

qui combattent à ses côtés se ruent sur lui
avec une joie sauvage et féroce. C'est toujours l'histoire d'Aristide, que l'on est las
d'entendre nommer « le Juste ». A la première occasion qui se présente, quel débor-
dement d'outrages et de calomnies ! On ou-
blie ce qu'il est, la cause dont il reste le plus
vaillant champion. La haine se mesure à la
hauteur de son œuvre.

Sans doute, on ne crache pas sur la neige
des sommets. Ces navrantes discordes ne
parviennent pas à diminuer la force et la
sublimité de notre idéal. Mais s'il est vrai
qu'il nous enseigne l'amour et la fraternité,
ne pourrions-nous dès ce jour, en attendant
l'heure de vivre ce beau rêve, nous traiter
les uns les autres avec un peu plus d'indulgence et de mansuétude ? Et — j'éprouve
quelque pudeur à le demander, mais je le de-
manderai tout de même, au risque de me
faire excommunier moi aussi, — ne pourrions-nous mettre dans nos rapports entre

artisans de la même œuvre quelque peu de...
cléricalisme ?

* *
*

Cependant la « gueule noire » objecte :

— Ce n'est pas parce que c'est Jaurès
qu'il faut se montrer plus indulgent ! Au
nom du principe égalitaire, il convient de
lui appliquer strictement la règle commune.
Et même, toujours au nom de l'égalité, nous
devons être d'autant plus sévères pour Jaurès, qu'il a rendu plus de services au parti.

Parfaitement. S'il se trompe, son erreur
est d'autant plus grave, qu'il est plus grand.
Qu'un militant obscur et bas sur pattes com-
mette une faute, il suffira d'un simple « regret » pour le rappeler à l'ordre. S'il s'agit
d'un militant de taille moyenne, il deviendra
nécessaire de lui infliger un « blâme ». Que
le militant ait cinq pieds six pouces, le même
acte lui vaudra l'humiliation d'une « flétris-
sure ». Suivez la progression : si Jaurès

était deux fois plus grand, nous n'aurions plus d'autre ressource que de le fusiller, dans l'intérêt même de la cause. Ainsi le veut l'Egalité.

Mais je dois me souvenir que je suis « suspect » et menacé peut-être d'une excommunication prochaine. On m'a dit au Comité général, et presque chaque matin l'on me répète, avec plus ou moins d'aménité :

— Comment ! vous qui menez dans les journaux socialistes cette campagne contre le cléricalisme universitaire, c'est vous qui approuvez Jaurès d'avoir toléré la première communion de sa fille ? Vous avez donc deux poids et deux mesures ? Depuis le temps qu'on vous le dit, ne voyez-vous pas que vous êtes dupe de votre affection pour Jaurès, et que vous vous mettez en contradiction avec vous-même ?

S'il ne s'agissait que d'un reproche personnel, d'un argument *ad hominem*, je ne prendrais pas la peine de le relever. Mais, en

essayant de justifier cette apparente incon-
séquence, je trouve ici l'occasion de préciser
quelle doit être, à mon sens, en face de l'E-
glise militante, l'attitude des militants de la
libre pensée et du socialisme. Pour que notre lutte contre le cléricalisme soit vraiment
sérieuse et féconde, elle doit garder toute la
hauteur, la noblesse et la sérénité de la Raison souveraine.

J'ai demandé et je demande encore :

— Qu'auriez-vous fait à la place de Jaurès ?

Considérez le problème sous sa forme sin-
gulière, concrète, vivante, et passez en revue les différentes solutions proposées :

La plus simple, la première qui vient à
l'esprit, est d'invoquer le Code civil : « La
femme doit obéissance à son mari. » Je
passe là-dessus, car tous nos amis en de-
meurent d'accord : Jaurès ne devait pas
abuser de l'autorité que lui confère la loi
bourgeoise.

Mais Gohier m'a dit :

— Nous faudra-t-il donc retourner la proposition et admettre que le mari doit obéissance à sa femme ?

Non, certes, ce n'est point là ce qu'exige notre féminisme, ou pour mieux dire notre socialisme. Mais entre ces deux thèses extrêmes, également iniques, n'est-il pas possible de concevoir un régime intermédiaire, harmonieux, où ni la femme ni le mari ne seraient tenus d'obéir ? N'est-ce point la conception du socialisme, qui proclame l'égalité des sexes ?

Dès lors, si les deux conjoints, qui se doivent un respect mutuel, n'ont pas les mêmes idées et s'ils ont à résoudre une question pareille, ils ne peuvent que se faire des concessions réciproques et chercher la transaction qui les mettra d'accord. Si vous reconnaissez en droit l'égalité des sexes, il vous faut reconnaître en fait la nécessité d'un tel compromis.

*
* *

Mais nous renonçons à la violence : mieux vaut douceur, — et je passe à la seconde solution du problème.

Quoi ! Voilà un homme d'une intelligence supérieure, d'une éloquence incomparable, telle qu'il peut, d'une heure à l'autre, convaincre deux ou trois mille personnes de l'excellence du socialisme, exciter d'un mot l'enthousiasme des foules accourues ; et vous allez me soutenir qu'en douze ou quinze ans d'intimité il n'a pas été capable, en causant avec sa femme, de lui faire partager ses convictions ?

C'est extraordinaire, citoyens, je vous l'accorde, mais ce n'est pas impossible. Connaissez-vous Mme Jaurès ?

— Non ; et vous ?

Moi non plus. Nous pourrons donc, s'il vous plaît, nous en tenir au point de vue le plus impersonnel, observant ainsi les prescriptions élémentaires d'une civilité peut-être bourgeoise, mais que je ne me sens pas assez révolutionnaire pour enfreindre. Nous parlerons, d'une façon générale, de la mentalité des femmes catholiques.

Pour y mettre plus de réserve, souffrez que je m'enveloppe ici d'un voile allégorique.

A côté du phare de la Pointe Saint-Mathieu s'élèvent les ruines majestueuses d'une très ancienne abbaye. Jadis, quand la construction du phare fut décidée, l'administration des ponts et chaussées, pratique et parcimonieuse, ne trouva rien de mieux que d'utiliser les pierres de ces ruines vénérables. Quelques vandales, armés de pics et de pioches, entreprirent en effet de jeter bas ce qui restait du cloître, les murs énormes, les piliers et l'admirable portail de Notre-Dame-du-Bout-du-Monde, qu'avaient respectés les ans, les révolutions et la fureur des tempêtes. Pourtant l'on dut bientôt renoncer à ce dessein barbare. Ce ne fut point par un

scrupule esthétique : les pierres étaient
jointes par un ciment romain si tenace,
qu'elles éclataient et s'effritaient sous la
pioche, mais qu'il était impossible de les des-
celler...

De même, en certaines âmes catholiques,
les idées sont dès l'enfance comme figées et
pétrifiées par la discipline religieuse, et ces
idées, pierres spirituelles agglomérées par
le ciment romain, forment un bloc indisso-
luble qui mure à jamais l'esprit. Essayez
d'entamer ce bloc, d'ébranler ces pierres
obstinées : vous réussirez peut-être à les
réduire en poudre, mais non pas à les dis-
joindre. Vous pourrez vous briser la tête
contre ce mur, mais vous n'arriverez pas à
le convaincre, à le pénétrer d'un rayon du
soleil intelligible, car il est du granit dont
on fait la pierre des tombeaux.

Nous autres, quand il s'agit d'un problème
moral, nous en considérons les données de
sang-froid, l'esprit libre. Au cours de la dis-

cussion, si l'on nous apporte des arguments décisifs, nous changeons d'avis sans émoi, sans honte. Nous ouvrons notre âme toute grande pour y recevoir plus de lumière.

La femme catholique fuit cette lumière, comme les chauves-souris apeurées. Elle se dérobe à toute discussion ; l'idée même qu'elle pourrait penser, concevoir un doute, lui inspire une invincible horreur. Imaginer seulement qu'elle serait capable de renoncer à sa croyance, de perdre cette irréductible foi qu'elle regarde comme son bien le plus précieux, c'est déjà le péché. Qui n'en a fait l'expérience ? Vainement vous tenterez de rendre la vue à cette aveugle, de ranimer cette morte vivante ; vos plus ardentes paroles glisseront sur cette âme, comme la pluie sur une roche désolée...

*
*   *

— Alors, si l'on ne réussit pas à convaincre sa femme, à la faire vraiment sienne, de chair et d'esprit, il n'y a plus qu'à s'en aller.

Le divorce ? C'est la troisième solution qu'on nous propose. Ceux-là, d'ailleurs, qui pour blâmer Jaurès invoquent le droit de l'enfant, semblent ne point s'apercevoir que partir de la sorte, c'est justement livrer cet enfant dont ils ont un si louable souci. Au regard de la loi, et j'ose dire de tous les braves gens, le mari qui abandonnerait sa femme dans ces conditions assumerait tous les torts, et le tribunal, prononçant le divorce contre lui, ne manquerait pas de confier à la mère la garde des enfants.

Et puis, il est une toute petite chose que les politiciens oublient et dont il faut peut-être tenir compte, c'est que Jaurès, comme il nous le disait l'autre matin avec une si magnifique émotion, peut revendiquer son droit à la « commune humanité » ; c'est qu'après tout il se pourrait bien qu'il eût un

cœur comme tout le monde, et qu'il aimât
sa femme, tout simplement...

— Ah ! le misérable !

*
*　*

Quatrième solution :

On accepte le principe de la transaction,
mais on ajoute : « Jaurès a fait un marché
de dupe. Il devait obtenir de sa femme que
l'enfant ne suivît aucun culte. A sa majorité, devenue consciente et responsable, elle
eût été libre de choisir entre les diverses reli-
gions et la libre pensée. »

La solution serait valable s'il y avait deux
dogmes en présence, si, par exemple, le
père était protestant et la mère catholique.
Mais il s'agit d'un conflit entre une religion
et la négation de tout ce qui est religieux.
Dès lors, pour assurer à l'enfant l'entière
liberté du choix, l'on en viendrait à cette
conclusion absurde qu'il ne faut lui donner

aucune instruction, et, reprenant l'expérience du roi Psammétique, l'isoler du monde, l'enfermer avec une chèvre dans une cabane solitaire. Sinon, la mère catholique pourrait dire : « En mettant ta fille au lycée, en m'interdisant de la conduire à l'église, tu as préjugé la question religieuse et tu t'es donné gain de cause. Car l'éducation laïque n'est pas neutre, et toi-même tu répètes tous les jours qu'elle ne saurait l'être sans crime. Tout ce qu'enseigne le maître laïque est la négation directe de mes croyances. C'est de ton côté que penchera nécessairement la balance. Que ferais-tu de plus si je n'existais pas ? Tu vois bien que mon droit maternel n'est pas respecté. »

Dira-t-on qu'il n'est pas respectable ? Je suis de cet avis, et je n'ai pas plus de respect pour le droit du père. Affirmons le droit de l'enfant, qui théoriquement s'identifie avec le droit de la nation. Mais ne nous bornons pas à l'affirmer ; qu'au plus tôt notre effort commun le réalise. Préparons le régime où la société se chargera complètement et gratuitement d'élever nos fils et nos filles : alors l'esprit de l'enfant, affranchi du joug familial, des préjugés et des mensonges héréditaires, pourra se développer en toute franchise, et nous n'aurons plus de pareilles transactions à déplorer.

Mais ce que je déplore, vous m'entendez bien, ce n'est pas l'attitude de Jaurès : car nous avons examiné successivement les différentes solutions du problème qui lui fut posé, et aucune ne nous a paru satisfaisante. En voyez-vous une autre (1) ? Pour ma part, je n'en connais point, et je suis bien obligé de conclure que celle de Jaurès, adop-

---

(1) Je me souviens qu'à cette question un sombre militant répondit :

— Oui, j'en vois une.

— Laquelle? demanda Briand.

— *Je l'aurais étranglée!* fit l'autre, farouche.

— Parfait, s'écria Briand; au moins, comme cela, vous auriez eu raison de votre femme, et, faute de mieux, vous auriez pu la faire enterrer civilement...

tée non comme un idéal, mais comme un
pis-aller, reste à mes yeux la plus accep-
table. Ce que je déplore, c'est le régime social qui lui imposa cette solution bâtarde.

Voilà plus d'un an que je plaide contre le
Temps la cause du monopole. Pouvais-je es-
pérer, en faveur de ma thèse, un argument
plus décisif que le « cas Jaurès ? »

*
* *

Au fait, j'oubliais que je suis sur la sel-
lette et que je dois me justifier. « Quoi !
s'écrie Gohier, dans le propre journal de
M. Jaurès, l'un des plus ardents défenseurs
de la première communion, Jaurès vitupère
les généraux, les officiers, les proviseurs,
professeurs, instituteurs, qui font ce que fait
M. Jaurès ! Comment voulez-vous que les
gens sincères s'y reconnaissent ? »

Je publie, en effet, toutes les fois que j'en
ai l'occasion, les lettres où l'on me signale

des officiers et surtout des membres du corps enseignant qui font élever leurs enfants dans les écoles congréganistes. Et je persiste à trouver intolérable la conduite d'un proviseur qui ose charger les bons Pères d'instruire son fils. Mais en vérité, est-ce que Jaurès a fait pareille chose ? Et si les fonctionnaires dont il s'agit, maris de femmes cléricales, acceptaient le même compromis que Jaurès, n'en serions-nous pas satisfaits ?

M'est-il arrivé jamais de blâmer un fonctionnaire, parce que sa fille avait reçu le baptême ou fait sa première communion ? Tout ce que nous demandons à ces officiers, à ces professeurs, — et nous ne cesserons pas de le demander, — c'est qu'ils aient la pudeur de donner à leurs enfants une éducation laïque, *comme Jaurès*. Rien de plus. S'ils peuvent, par surcroît, les dispenser de prendre part aux exercices d'un culte quelconque, rien de mieux ; mais ja-

mais aucun de nous ne s'est reconnu le droit
de l'exiger.

Je vais plus loin. La première phrase que
j'écrivis dans un journal socialiste fut : « Le
socialisme, c'est la liberté. » Je me suis ap-
pliqué, dans mes premiers articles, à définir
ce que j'appelle le *libéralisme socialiste*.
C'est ce seul mot de liberté qui a provoqué
la colère de la presse bourgeoise : elle a
compris que si nous dénonçons les sophismes
du faux libéralisme en montrant que nous
sommes, nous socialistes, les vrais champions de la liberté, nous triompherons de
toutes les défiances et de toutes les résis-
tances.

Je me suis toujours défendu d'être un « ja-
cobin », au sens court et d'ailleurs erroné
que donnent à ce mot Taine et les réactionnaires. Je suis et veux rester un libéral. Si
j'ai réclamé le monopole, ce fut au nom de
la liberté ; de même, en combattant l'Eglise,

je ne veux pas employer d'autre arme que
la liberté.

Je sais que ce terme de *libéralisme* semble
imprévu et inquiétant à certains d'entre
nous, trompés par les équivoques bourgeoises. Il n'en reste pas moins évident que
la *liberté* résume tout notre idéal.

Or, à l'heure même où l'on nous jetait les
anathèmes usités : *sectaires, tyrans, jaco-
bins*, il est arrivé que le plus grand des
nôtres a donné la plus superbe, la plus dou-
loureuse preuve de libéralisme qu'on pût
concevoir. Il pouvait jouer les Brutus, user
de violence, se persuadant et persuadant
aux autres que la fin justifie les moyens :
cette attitude lui eût ménagé sans doute les
plus poignants effets de tribune. Il a préféré
se conduire en homme juste et sage, assuré
qu'on ne triomphe de l'erreur que par la raison, de l'iniquité que par la justice et de la
haine que par l'amour.

On va répétant qu'au point de vue de lapropagande immédiate, le « cas Jaurès » a produit le plus fâcheux effet. Regardez plus loin et plus haut, mes amis ; laissez, quand la première émotion sera calmée, la réflexion impartiale faire son œuvre ; et vous reconnaîtrez sûrement que, si de tels actes peuvent détacher de nous quelques énergumènes, rien n'est plus capable de rallier au socialisme les honnêtes gens qui hésitent encore à nous suivre.

20 octobre 1901.

VI

Le bourgeois modèle

Ce qui m'étonne, c'est que l'on s'obstine à répéter méchamment que Jean Jaurès n'aime point sa patrie.

J'entends bien : Gustave Hervé, comme il a pris soin de nous l'apprendre, est un des « gros bonnets » du parti socialiste qui se dit « unifié », et Jean Jaurès n'en est pas un « manitou » moins considérable. Puisqu'ils se sont mis ensemble, les gens simples en concluent qu'ils avaient du goût l'un pour l'autre.

Jaurès a beau nous redire que, s'il a dû épouser Gustave Hervé, ce n'est pas là un mariage d'inclination (et c'est encore moins, j'imagine, un mariage de raison) ; Jaurès a beau nous rappeler avec une ardente conviction que l'inestimable valeur de ce qu'il nomme « l'unité socialiste » tient précisément à ce qu'elle rapproche et lie des hommes qui n'ont absolument rien de commun. Car enfin, je vous le demande : s'ils pensaient tous de même, qui donc songerait à les mettre d'accord ? Où seraient l'intérêt et le mérite d'une pareille entreprise ?

N'oublions point que l'unité socialiste, telle que l'a conçue le philosophe Jean Jaurès, est essentiellement hégélienne : c'est dire qu'elle consiste à concilier les thèses contraires dans une synthèse supérieure ; c'est dire, par conséquent, que l'unité socialiste est une chose prodigieusement compliquée et que l'on risque fort de n'y rien comprendre, si l'on ne se place dès l'abord à un point de vue dialectique et transcendant. Pour peu que l'on s'y hausse, on observe aussitôt que Jean Jaurès et Gustave Hervé se posent en s'opposant et s'unifient comme deux lutteurs aux prises.

*
* *

Car ces deux pacifistes ne cessent de se

déclarer la guerre. Comment, du reste,
pourrait-il en être autrement ? Rien n'est
plus dissemblable que ces deux universitaires. Pour dire les choses comme elles sont,
l'un est un humaniste, l'autre un cuistre.

Figurez-vous l'émoi du fin lettré qu'est
Jaurès, devant cette petite chose hideuse
qu'écrivait Gustave Hervé l'autre jour :

Puisque le *Matin* a, depuis quelques semaines,
l'heureuse inspiration de faire entendre — à
titre purement documentaire, évidemment — le
son de cloche révolutionnaire...

O pure langue de nos pères ! Doux parler que Brunetto Latini et Martino da Canale
s'accordaient jadis à trouver si « délecta-
ble » ! Voilà donc où nous en sommes à
présent : *des journaux qui sonnent des
cloches révolutionnaires à titre documentaire !* Et ce sont — ô honte ! — des professeurs de l'Université de France, qui tiennent ce langage antifrançais...

Après tout, il est bien possible que Gustave Hervé ne l'ait pas fait exprès, cette fois-ci ; mais est-il possible, en vérité, de pousser plus loin l'antipatriotisme ?

J'ai lu souvent dans les gazettes que ce pion mégalomane, dont l'unique souci est d' « épater le bourgeois », s'évertue chaque jour à couper la queue de son chien. Cette réminiscence classique lui fait trop d'honneur. Pour ma part, je ne saurais oublier que le chien d'Alcibiade était d'Athènes. C'était un chien de race, qui valait, dit-on, 7,000 drachmes. Quelles que soient les prétentions et les pénibles grimaces de M. Gustave Hervé, il n'arrivera jamais à couper que la queue d'une pauvre vache espagnole...

*
*   *

Au regard d'un Jaurès, cet Hervé ne peut être qu'un « philistin ». En retour, Hervé traite Jaurès de « bourgeois ». Il n'a pas moins raison de le juger ainsi. Considérez, en effet, ce petit homme trapu, aux jambes courtes, au rable plantureux, au ventre

conciliant ; à première vue, vous reconnaîtrez en Jaurès ce « bon bourgeois », dont
la caricature, depuis Daumier jusqu'à
Léandre, a fait un type national.

Oh ! oui, il est bien de chez nous, celui-là !
Rien qu'à le voir, on se représente son existence régulière, laborieuse et paisible ; on
devine qu'il pratique exactement ces vertus
moyennes et douces, qui font le prix et le
charme de la vie domestique. Rappelez-vous
ce que d'indiscrètes polémiques nous ont
révélé naguère de ses mœurs familiales :
lorsque sa fille s'approcha de la sainte table
pour la première fois, Jean Jaurès nous ap-
parut comme un brave homme, réduit à
s'excuser auprès de ses « camarades » d'être
un mari pacifique, simple et tendre. Et ceux
qui l'ont vu, entre deux discours, tout préoc-
cupé du polichinelle qu'il allait offrir à son
petit garçon malade, pourront vous donner
l'assurance qu'il est aussi la crème des bons
papas...

*
* *

S'il aime les siens, ce bon bourgeois de
France n'aime pas moins la bonne chère. Il
ne s'en cache pas d'ailleurs, et il n'a jamais
compris qu'on pût sérieusement lui en faire
un crime.

Vous souvient-il de ces articles virulents,
où un polémiste austère l'accusait de manger
trop de « homard à la Lucullus » avec son
compère Millerand, alors ministre du com-
merce ? Jaurès ne s'en défendait point.
« Nous ne sommes pas des ascètes », répon-
dait-il ingénument. Et il revendiquait, dans
le plus beau langage, son « droit à la commune humanité ». Puis il nous annonçait en
termes grandioses que les temps étaient pro-
ches, où, grâce aux progrès du socialisme,
il y aurait non seulement du pain et des roses
pour tous les hommes, suivant la prédiction
d'Henri Heine, mais aussi quelques pattes de
homard.

En attendant, il célébrait avec une exquise poésie la saveur et l'arome du cassoulet de Toulouse. Et c'est ici vraiment que se découvre, sous sa forme la plus naïve et la plus touchante, le patriotisme de cet honnête homme. Ah ! comme il adore son pays ! Et comme le peintre Henri Martin eut raison de nous le montrer se promenant au crépuscule sur les bords de la Garonne, les yeux levés vers le clocher de Saint-Sernin et humant avec extase les parfums de la terre natale ! Quels mots délicats et délicieux Jaurès a su trouver pour nous faire voir la silhouette légère de ce clocher de Saint-Sernin, au clair de lune !

Il nous semble même, en relisant ces pages oubliées, que Jaurès exagère un peu cet amour du clocher. Sans doute, en son principe, un pareil sentiment n'a rien que de naturel et de gentil ; mais prenons garde qu'il ne devienne étroit, exclusif et vilainement jaloux. Parce qu'on aime bien son

pays, ce n'est pas une raison pour dénigrer
le pays des autres. Or, Jaurès témoigne à
Toulouse une préférence si marquée, qu'il
est injuste pour les autres villes de France
et qu'il en parle en termes blessants. Croiriez-vous qu'il va jusqu'à médire de la capi-
tale, tout comme un Marseillais qui vante
les splendeurs de l'incomparable Cane-
bière ? Oui, c'est bien du même ton, que
Jaurès se plaît à nous dire l'agrément des
rues toulousaines :

Ce n'est pas la vie pauvre et rare des cités
épuisées, dont les rues sont comme des fleuves à
peu près taris, qui laissent voir leur fond de gravier et de sable. Ce n'est pas non plus le flot
compact, accumulé et trouble, qui se presse aux
carrefours parisiens et s'y fait obstacle à lui-
même, et où toute individualité sombre, où toute
forme se perd, où les physionomies et les gestes
se brouillent comme des reflets mêlés en une
eau épaisse et tourbillonnante. C'est une rivière
lumineuse et chantante, où le flot se lie au flot,
mais où chaque petite vague a, sous les caprices
du vent, sa forme propre, sa sinuosité mouvante,
son jeu de clarté et sa fantaisie. Cette plénitude

allègre de sensations riches et distinctes, étof-
fées et déliées, c'est la joie de Toulouse...

Il est inutile de souligner — n'allumons
point de guerres civiles — ce qu'un sem-
blable parallèle a d'humiliant pour nos
grands boulevards. Tous les Parisiens, j'en
suis sûr, seront sensibles à cet affront. Mais
ils sont assez généreux et — bien qu'ils ne
soient pas tous originaires de Toulouse —
assez artistes pour reconnaître l'insolente
beauté de ces phrases amoureuses. Elles
nous remettent en mémoire cet autre joli
couplet, où M. Jules Lemaître nous peint
avec une égale tendresse « l'harmonieux et
noble paysage des Champs-Elysées ».

Mais ce n'est pas seulement la bonne ville
de Toulouse, dont le souvenir est doux au
cœur de Jaurès ; il ne goûte pas moins le
charme des campagnes natales. Nul roman-
cier du terroir n'en fit de descriptions plus
savoureuses et plus colorées. Ecoutez, par
exemple, ce délicieux nocturne :

Pendant que nous rêvons à l'avenir et que nous disputons, tout ce qui vit, tout ce qui est se livre à la joie de l'heure présente et à l'immédiate douceur de la nuit sereine. Les paysans vont en groupes, pour dépouiller le maïs, au rendez-vous de la ferme, et ils chantent à pleine voix ; la couleuvre réveillée tressaille un moment et se rendort dans le mystère du fourré. Dans les chaumes, dans les prairies desséchées, de pauvres petites bêtes chantent encore : leur musique n'est pas éclatante et innombrable comme dans les tièdes nuits de printemps ou les chaudes nuits d'été ; mais elles chanteront jusqu'au bout, tant qu'elles ne seront pas décidément glacées par l'hiver. Du milieu des champs, les feux d'herbe sèche resplendissent, enveloppés et adoucis par la clarté de la lune : on dirait que c'est l'esprit de la terre qui flambe et se mêle au rayonnement mystérieux du ciel. Les chiens désœuvrés aboient au chariot attardé qui, éclairé d'une petite lanterne et attelé d'un petit âne, se traîne dans le chemin. La chouette miaule d'amour dans la châtaigneraie ; les châtaignes mûres tombent avec un bruit plein et roulent le long des combes. Le petit serpent vert coasse près de la fontaine ; le ciel brille et la terre chante (1)...

---

(1) *La Dépêche*, 1ᵉʳ octobre 1890.

Oui, c'est du Jaurès, cela. Et si vous cherchez un pendant à ce paysage, c'est encore à Jules Lemaître qu'il nous faut revenir :

Quand j'embrasse de quelque courbe de la rive, la Loire étalée et bleue comme un lac, avec ses prairies, ses peupliers, ses îlots blonds, son ciel léger, la douceur épandue dans l'air, et non loin, dans ce pays aimé de nos anciens rois, quelque château ciselé comme un bijou, qui me rappelle la vieille France, ce qu'elle a fait et ce qu'elle a été dans le monde ; alors je me sens pris d'une infinie tendresse pour cette terre maternelle où j'ai partout des racines si délicates et si fortes...

Assurément, entre nos deux auteurs, il y a bien quelques menues différences. La manière de l'un est plus sobre et plus fine ; celle de l'autre plus exubérante et plus large. Pour tout dire, celui-ci parle la langue d'oïl, et celui-là chante en langue d'oc. Mais si le patriotisme ne consiste pas seulement à déclamer sur la revanche, la frontière et le drapeau tricolore, s'il se reconnaît aussi à cette orgueilleuse émotion avec laquelle tous les hommes parlent du coin de terre où ils ont pour la première fois vu le ciel, s'il se mesure à la force et à la délicatesse des mots qui nous viennent aux lèvres pour dire la joie, animale et noble, qu'on éprouve à respirer l'odeur de son pays, comme on s'enivre du parfum de la femme aimée, — alors, oui, vraiment, sans paradoxe et sans ironie, il faut convenir en relisant ces pages, que Jean Jaurès et Jules Lemaître sont aussi bons Français l'un que l'autre, et qu'en dépit de quelques apparences, ils sont pareillement amoureux de leur patrie...

* * *

Et je ne dirai pas que Jaurès aime la France jusque dans ses verrues, car, au fond, il n'aime pas du tout Gustave Hervé ; mais je suis bien sûr qu'il aime de son pays tout ce qui est aimable, y compris le bon vin et la cuisine bourgeoise.

Jaurès mange bien et boit sec. Puisqu'il nous l'a dit lui-même, il n'y a, je suppose, nulle indiscrétion à le répéter. Voyez plutôt comme il nous parle en connaisseur des plats délectables, qui font aussi la joie de Toulouse :

En cette ville où la vie est facile encore et n'est pas trop surmenée, le péché de gourmandise est à son aise. Il suppose une certaine richesse de la terre, l'abondance et la finesse des produits du sol, et aussi l'animation tout ensemble et la tranquillité de l'esprit. Le souci de « bien manger », dans le sens noble et délicat du mot (1), n'est possible ni dans les pauvres et tristes cités où le prolétariat..., etc., etc., ni dans les cités énormes et cosmopolites où la cuisine, affairée et brouillée comme le peuple lui-même, a perdu les fortes traditions des provinces et la simplicité savante et saine d'autrefois...

Hein ? « Traditions » ? On sent qu'en écrivant ce mot, le bon Jaurès a été pris soudain d'un léger scrupule. Il a besoin d'in-

---

(1) Bien entendu.

voquer le témoignage des « cuisiniers réunis à la Bourse du Travail » pour « approuver pleinement » les théories d'Escoussière (1). Et voici les théories de ce « conservateur » :

Au point de vue strict de la gastronomie, reprend Jaurès, quelques lignes me charment : celles où le pamphlétaire raille les prétendus raffinés qui se piquent de compliquer les mets, d'alambiquer les sauces au point qu'on n'y distingue plus rien...

Suit une apologie du ragoût honnête, qui, pour être digne d'un gourmets, n'a pas besoin de « furieux condiments ». Et Jaurès cite, avec une complaisance ravie, cette déclaration de principes culinaires :

J'aime les visages vermeils, épanouis, les appétits vastes, éclairés. Pour eux, vive la cuisine simple, à la fois délicate et substantielle, composée de matériaux en petit nombre, mais de qualité sûre, éprouvée, supérieure !

---

(1) Personnage d'un livre de B. Marcel.

Nous connaissions déjà des « esprits éclairés ». Mais des *appétits éclairés !* Il fallait un épicurien de génie pour imaginer cette juteuse alliance de mots.

Cependant, Jaurès est repris de la même inquiétude : au point de vue socialiste, tout cela est-il bien orthodoxe ? Qu'en pensera le prolétariat conscient ? Il est impossible de se le dissimuler : lorsque Jaurès reprend à son compte la profession de foi du gastronome traditionaliste, il tient un langage dangereusement réactionnaire. Et Jaurès de s'en excuser. Il a de ces retours, d'une innocence charmante.

Il se frappe la poitrine à l'endroit sensible, je veux dire sur l'estomac. Néanmoins, il lui en coûte de renoncer à cette bonne vieille cuisine de nos pères. Comment diable va-t-il s'y prendre pour concilier cette inclination perverse avec les purs principes du collectivisme ? Bah ! ce n'est qu'un problème de plus à résoudre, et c'est encore un problème hégélien. Ça nous connaît. Voilà Jaurès parti ; et, tout d'abord, il se rassure contre le danger d'une réaction possible, qui serait fomentée par l'esprit « conservateur » des maîtres-queux (et l'on sait que ceux de Toulouse excellent à préparer les conserves alimentaires). Non, nous explique gravement Jaurès, il n'y a pas lieu de redouter cette levée de casseroles, car,

A vrai dire, pas plus (dans la cuisine) que dans les autres industries, pas plus que dans le tissage ou la filature, *les forces de conservation ou de réaction, si exquises et délicates qu'elles soient, ne pourront prévaloir...*

Quel dommage, tout de même ! Et comme on sent que Jaurès a un faible pour ces forces si « délicates » ! Un faible, oui, mais qui ne dégénère point en faiblesse. Le fumet du meilleur cassoulet ne peut lui faire oublier le chemin de la cité future. Revenons à notre problème ; et, suivant sa coutume, Jaurès commence par l' « élargir », pour le

résoudre plus aisément. Alors, il découvre
des choses vraiment extraordinaires. Quelle
est, en somme, la fin dernière du socialisme ? C'est que le prolétariat, tout le prolétariat mange du fricot bourgeois. Jaurès
ne le dit pas sous cette forme un peu crue,
mais, comme vous allez voir, c'est bien le
fond de sa pensée. Et d'ailleurs, ce n'est
pas là l'extraordinaire : nombre de théoriciens socialistes n'ont-ils pas réduit tout le
problème social à la question du ventre ?
Non, ce qui est extraordinaire, en vérité,
c'est la quantité de moyens qui sont indispensables pour atteindre le but. Devineriez-
vous combien de conditions principales sont
rigoureusement nécessaires pour que le
peuple, « le peuple entier » puisse enfin
s'asseoir à la table d'Escoussière et de Jaurès ? J'en ai compté *huit*, et, pour être bien
certain que je ne me suis pas trompé dans
mon calcul, nous allons, s'il vous plaît, les
recompter ensemble. Je cite, en numérotant :

Il faudra (1°) toute une révolution dans les habitudes sociales, (2°) la dissémination des grandes villes (3°) et des hommes entassés, (4°) la combinaison de la vie industrielle et de la vie rurale, (5°) le retour aux champs, à l'air salubre et vif, qui fait la nourriture saine en faisant l'appétit robuste ;

Point et virgule, soufflons un peu ; nous ne sommes pas au bout :

... il faudra aussi (6°) une simplification, (7°) un allègement de l'existence, (8°) l'universelle répudiation du faux luxe, pour que l'art culinaire, agrandi d'ailleurs, diversifié et attentif au peuple entier, retrouve son équilibre...

Il l'a donc perdu ?

Mais ça, c'est une autre question. L'essentiel, c'est que l'art culinaire devienne « attentif au peuple entier ». Alors, les apôtres qui ne sont pas des ascètes pourront « bien manger » sans scandale et digérer sans remords.

C'est égal. On dirait que Jaurès éprouve

quelque pudeur à se remémorer publique-
ment qu'il est le compatriote de ce bon
Dʳ Roques (1), émule de Brillat-Savarin, qui
figure à une place d'honneur parmi les
« classiques de la table ». Et il conclut en
soupirant :

C'est en artiste et avec une nuance de regret,
comme William Morris parlait des étoffes et des
tapisseries d'autrefois, que B. Marcel parle de la
fine, solide et lente cuisine de jadis. Elle était
une partie d'un ensemble charmant, mais un
peu étroit et suranné (2)...

La *lente* cuisine... Ah ! la jolie épithète
encore ! Mais, décidément, même quand les
huit conditions principales seront réalisées,
il n'est pas du tout sûr que le prolétariat
goûte jamais à cette cuisine-là. Et, tout
compte fait, si élargie que soit la question,
l'optimiste Jaurès désespère lui-même d'é-
largir à la mesure de l'humanité souffrante

---

(1) Né à Valence du Tarn en 1772.
(2) *Petite République*, 20 juin 1902.

et jeunante cet « ensemble un peu étroit » sans doute, mais où il fait si bon attendre la révolution sociale...

* *
*

Ce n'est pas seulement à table que Jaurès aime sa patrie. Nul n'a parlé de l'armée française en termes plus émus, plus chauds, plus « cocardiers ». Regardez-moi ce tableautin : ne dirait-on pas qu'il fut commandé par M. François Coppée·à M. Dujardin-Beaumetz ?

EN REVENANT DU RÉGIMENT

De nombreux congés ramènent en ce moment chez eux soldats, caporaux et sous-officiers. Ces derniers, en raison même de leur grade, ont le congé plus court ; ils n'en sont pas moins joyeux et fiers de l'avoir conquis. Rentrant chez eux à la nuit, ils se hâtaient dans les chemins sombres, impatients de faire reluire leurs galons neufs à la lumière amie qui les attendait là-bas. Tous ces hommes ou presque tous paraissent vraiment animés d'un très bon esprit...

Ne cherchez pas dans cette dernière phrase une allusion aux progrès de l'hervéisme dans les casernes. Voici comment Jaurès se représente le « bon esprit » de nos braves pioupious :

Au témoignage des chefs immédiats, sergents et caporaux, qui recueillent pour ainsi dire à leur source les sentiments des soldats, notre jeune armée est pleine de confiance. Elle a foi dans la puissance de son armement nouveau, dans l'efficacité de la nouvelle tactique offensive, qui, par une combinaison très simple, offre au feu de l'ennemi moins de surface et moins de prise, diminue les pertes de l'assaillant, permet à l'infanterie française d'aborder à la baïonnette, la soutient en cas d'échec par de fortes réserves, grâce auxquelles elle peut se reformer en seconde ligne, et, associant ainsi la prudence et l'audace, fait des qualités morales d'une armée, de son âme, l'engin le plus formidable de la bataille. Si donc l'armée a foi dans cette tactique, c'est qu'elle a foi en elle-même. Les chefs ne négligent rien pour fortifier dans toutes les consciences le ressort moral : un souffle ardent de patriotisme passe incessamment sur ces hommes, fondant les égoïsmes et les ignorances, faisant frissonner les drapeaux et les cœurs. Un sergent me disait : « Il en est qui arrivent au régiment, sachant à peine ce que c'est que la France : au bout de quelques semaines, la patrie est en eux. »

En même temps qu'il est une grande école patriotique, le régiment est une grande école démocratique et républicaine... (1)

Ne dites point que cette page fut écrite il y a vingt ans, c'est-à-dire au temps où Jaurès était encore « centre gauche », et que, par conséquent elle ne prouve rien, si ce n'est la pieuse diligence que j'apporte à défendre Jaurès contre ses détracteurs. Je vous répondrais que je n'emprunte pas cette citation à la collection de la *Dépêche*, mais bien au volume intitulé l'*Action socialiste*, qui parut en 1899 et que Jaurès, dans l'avant-propos, nous présente lui-même comme un « volume de propagande ». Et c'est bien encore le Jaurès socialiste, qui donne ce beau coup de clairon :

_____

(1) *La Dépêche*, 22 octobre 1887.

De l'autre côté du Rhin, il y a des volontés obscures et toutes puissantes qui portent en elles la paix ou la guerre et qui pourraient déchaîner celle-ci contre le gré de l'Allemagne même. En France, il n'y a qu'une volonté, celle de la France : et au fond de cette volonté, d'une transparence absolue, l'Europe a pu lire deux choses : un amour sincère de la paix, un inébranlable courage pour l'heure du péril. La France libre n'a qu'une diplomatie : montrer au monde toute son âme. Cette âme a pu être tiraillée par les luttes des partis, mais elle n'a point été déchirée ; et, à la moindre apparence de péril national, elle se trouve unie; elle sent que pas une parcelle de sa force ne sera détournée par les querelles ou le soupçon.

Certes, la France n'avait jamais douté d'un seul de ses enfants (1) ; mais sur notre pauvre pays vaincu tant de calomnies avaient été versées du dehors, l'étranger avait si souvent dénoncé notre désorganisation morale, que cet apaisement subit, cet oubli complet des querelles et des haines, cette mutuelle confiance d'adversaires politiques se consultant sur la patrie commune sont pour l'Europe un étonnement, et pour nous un réconfort. Nous n'accepterions point

(1) En ce temps-là, Gustave Hervé était encore au collège.

qu'on nous félicitât de notre patriotisme, et nous ne ferons pas à nos adversaires l'injure de les féliciter du leur : mais c'est avec une joie profonde que nous entendions dire à des royalistes : « Au premier coup de canon, nous partons au cri de : Vive la République ! »

... Pourquoi chacun se donne-t-il tout entier ? Parce que chacun s'appartient tout entier. S'il y avait au-dessus de nous un pouvoir personnel, ayant ses préoccupations secrètes, le trouble, le soupçon, la méfiance réciproque saisiraient les représentants du pays : et la politique française perdrait cette évidence et cette sincérité qui fait aujourd'hui sa grandeur. C'est la liberté qui unit tous les fils de la France dans la sagesse : c'est elle qui, comme elle fait notre fierté au dedans, fait notre force au dehors. Désormais, quoi qu'il arrive, que nous ayons, comme nous l'espérons, la paix, ou au contraire, par la criminelle folie de l'agresseur, la guerre sainte pour notre France bien-aimée, Liberté et Patrie sont inséparables (1).

« La guerre sainte pour notre France bien aimée... » Si ce n'est pas là le langage du

---

(1) *La Dépêche*, 12 février 1887.

patriotisme le plus pur, je me demande ce qu'il vous faut...

*
* *

Qu'est-ce donc en somme qu'un « bourgeois » ?

D'après les socialistes, c'est d'abord un « possédant ». Il a du bien au soleil, il a des rentes, comme Jaurès. Par suite, dirait M. Prudhomme, il lui est tout loisible de mener une vie plus libre, plus confortable, plus « aisée » que le commun des hommes qui n'ont rien. Et c'est aussi, tout naturellement, ce que fait Jaurès.

Je n'ai jamais compris que l'on pût tirer de sa vie privée des arguments contre sa doctrine. Comme il a raison de trouver ces objections puériles, mesquines et grossières! S'il vit en bourgeois, cela ne prouve nullement, ainsi que le répètent ses ennemis, son défaut de sincérité ; cela prouve au contraire son magnifique, son absolu désintéressement. N'est-il pas de toute évidence,

que le désintéressement d'un socialiste croît
avec sa fortune ?

Ajoutons qu'un bourgeois n'est pas for-
cément un imbécile. Il a reçu presque toujours une bonne éducation. Il a des lettres,
des idées générales, du bon sens et du goût :
il lit le *Matin*. Il est assez réfléchi pour convenir que l'histoire ne s'est pas arrêtée le
jour où il a passé son baccalauréat ; il est
assez clairvoyant pour s'apercevoir que tout
n'est pas encore pour le mieux dans la meilleure des Républiques, et il ne laisse pas
d'en concevoir une autre plus conforme à la
raison.

Mais, sans nier que maintes réformes
soient nécessaires, il sait bien — et c'est
principalement à ce signe que se reconnaît
le bourgeois éclairé — faire la différence
entre le rêve et la réalité présente ; il ira
théoriquement aussi loin qu'on peut aller,
mais, pratiquement, il n'est pas homme à
s'embarrasser de chimères. Il distingue avec

soin l'utopie et le bifteck aux pommes. Il
n'ignore pas, certes, que les richesses sont
mal réparties ; mais ce n'est pas une raison
raisonnable, n'est-ce pas, pour en céder sa
part. Il a connu de bonne heure le néant
des superstitions ; mais il est trop bien élevé
pour ne pas saluer le curé de sa paroisse
et pour empêcher les siens de remplir leurs
devoirs religieux.

Bref, le « bourgeois » est l'homme qui
prend les choses comme elles sont, et qui
s'en accommode. Puisqu'il s'en trouve bien,
il ne tient pas au fond à les voir changer.
S'il parle de progrès comme tout le monde,
il sous-entend, bien entendu, que le progrès
ne changera rien à ses habitudes, ou plutôt
qu'il augmentera son bien-être, sans quoi
ce ne serait pas un progrès véritable. Dans
ces conditions et sous ces réserves, notre
homme peut donner, d'un esprit parfaitement libre, dans les théories les plus aven-
tureuses. Ce n'est là, somme toute, qu'un

divertissement spirituel, favorable à la di-
gestion. On pourra rêver à l'aise, tant que
nous aurons de bons soldats, pour veiller
sur la frontière, le grand-livre, les coffres-
forts et les maisons de campagne... C'est
pourquoi notre propriétaire aime l'armée. Et
c'est aussi pourquoi il aime sa patrie, qui
est si bien faite à la mesure de son légitime
égoïsme. « Ma patrie, dit-il franchement avec
Jules Lemaître, ma patrie, c'est *moi-même
au complet...* »

N'est-ce pas ainsi que les socialistes ont
coutume de nous définir la mentalité bourgeoise ?

Eh bien ! rassemblez maintenant ces traits
divers ; accusez celui-ci, estompez celui-là,
et vous aurez, si je ne m'abuse, le plus fidèle
portrait de Jean Jaurès, bourgeois de France.

DEUXIÈME PARTIE

LA DIASTOLE

VII

L'orateur

Depuis quelque temps, Jaurès trouve que l'on parle trop à la Chambre. L'autre mois, à la veille de la rentrée, il se plaignait avec amertume de ces « débats interminables », qui sont, disait-il fort justement, un « obstacle à l'activité réformatrice ». Et dans un petit filet, qui ne tenait guère plus d'une colonne de *l'Humanité*, il exhortait ses collègues à être désormais moins bavards.

« Que la Chambre, s'écriait-il, ne perde pas son temps à faire de la discussion du budget la fastidieuse et stérile revue de toutes les questions... etc. Le plus souvent la discussion du budget n'est qu'une sorte de fatras parlementaire... etc. Ne laissons pas alourdir par toute sorte de bagages encombrants et inutiles la marche de l'armée... etc. Il faut que les problèmes soient rapidement posés sur un terrain uni et dégagé de toute broussaille... Et *cætera, et cætera...* » Et Jaurès insistait abondamment sur les avantages du laconisme.

* * *

Il est regrettable que ces excellents conseils n'aient pas été suivis. Ni M. Clémenceau, ni Briand, ni Viviani n'ont paru les entendre, et ils ont discouru comme si Jaurès n'avait jamais parlé.

C'est pourtant Jaurès qui a raison. Nous avons tous connu, comme lui, des orateurs qui avaient sur tous les sujets quelque chose à dire. Comment s'appelait donc celui qui « laïussa » deux jours durant pour annoncer qu'il dirait quelque chose... dans six mois, sans faute ?

On s'étonnait que la rhétorique parlementaire fût en contradiction si flagrante avec les exigences de l'esprit moderne. Nous vivons trop vite pour goûter les phrases superflues, quel qu'en soit l'agrément. Nous serions incapables de lire les romans en vingt volumes, dont nos aïeules berçaient leur ennui. De même on ne fait plus de tragédies en cinq actes ; il nous faut des pièces à l'action précipitée, haletante, des drames instantanés. De même encore, le télégraphe et le téléphone n'ont-ils pas tué le genre épistolaire ? Et tout un poème épique ne tient-il pas dans un sonnet des *Trophées* ?

L'éloquence parlementaire semblait faire exception à la loi qui régit l'évolution de tous les « genres ». Mais voici qu'à son tour elle se transforme, et Jaurès, qui s'y connaît, nous laisse prévoir qu'à l'avenir nos orateurs seront beaucoup moins prolixes. Il n'est d'ailleurs pas douteux que le Grand Tribun prêchera d'exemple ; s'il ne va pas jusqu'au discours en trois lignes, il aura du moins la coquetterie d'ajouter à tous les charmes de son éloquence incomparable celui d'une austère décision.

*
* *

Ne croyez point que cette horreur du bavardage politique soit toute nouvelle chez
Jaurès. Pour vous en convaincre, lisez ceci,
que j'emprunte à sa thèse de doctorat :

Je sais bien que les excès du mystère intime,
où semblent se complaire quelques contempo-
rains, sont une réaction contre l'art extérieur et
formel, contre le vide de la poésie sculpturale et
architecturale et l'emphase démocratique. Gam-
betta, dans l'enthousiasme d'une tournée oratoire
en plein Midi, écrivait à Mme Adam : « Le pays
tout entier m'apparaît comme une immense tribune ; je me sens de taille à haranguer l'immen-
sité ! » Eh quoi ! Voilà donc nos douces collines
qui ne sont plus, pour les nouveaux Dantons, que
des bornes oratoires, et ces voix de tonnerre et
de club vont accaparer même les échos mystérieux qui dorment sous bois ! Défendons-nous,
replions-nous, resserrons-nous...

Tu parles !

*
* *

La scène se passe à Orange, vers la fin
de juillet.

Après le déjeuner, à l'heure où les lé-
zards eux-mêmes cherchent l'ombre, l'envie
m'avait pris d'assister au merveilleux spectacle que le soleil donne dans les ruines du
théâtre antique ; je voulais voir tout ce qui
tient d'infini dans la crête d'une vieille muraille, profilant sur l'azur sa chevelure
d'herbes folles ; il me plaisait d'entendre,
dans le silence embrasé, croasser les corneilles et roucouler les palombes...

Je pousse la petite porte qui ouvre sur la
scène et je me glisse sous le figuier. Mais
des éclats de voix grandiloquentes m'aver-
tissent que je ne suis pas seul.

— Tiens, on répète... Dans cette four-
naise ? Comme on voit bien que tous nos
acteurs sont du midi ! Ils ne redoutent point
les flèches de Phébus..

Je regarde. Non, ce n'est pas une répétition. Ce sont deux braves bourgeois en
voyage qui, sur le conseil de leur Baedeker,
éprouvent l'acoustique de l'amphithéâtre.

L'un, bravant l'insolation, se tient debout,
tout en haut des gradins éblouissants... Où
donc ai-je vu ce dos robuste et tranquille,
cette barbe de guingois, cet inamovible cigare qui s'érige en biais, comme une che-
minée de paquebot ? Où donc ai-je vu cette
tournure de loup de mer qui, à défaut d'autres aptitudes, désignerait suffisamment un
député pour le portefeuillé de la marine ?
Eh oui, c'est M. Pelletan. Et là, sur la
scène, cette autre silhouette massive de
charbougnat qui s'apprête à décharger un
sac d'anthracite, n'est-ce pas le citoyen Jaurès ?

C'est lui-même. De là-haut, M. Pelletan lui
parle en ces termes :

— Allez-y, Jaurès ; donnez toute votre
voix ; supposez qu'il y a ici dix mille citoyens
et envoyez-leur votre période la plus clai-
ronnante...

*
* *

Tout à coup, sous le ciel serein, un tonnerre gronda. Le citoyen Jaurès avait pris la parole. Toutes les corneilles, nichées dans les trous de l'énorme muraille, s'envolèrent, éperdues. Mais la voix du tribun domina sans peine leurs croassements d'épouvante. Et les palombes se turent.

— Superbe ! s'écrie l'ex-ministre de la marine, traduisant mon impression. Maintenant, parlez d'un ton naturel, citoyen Jaurès, pour voir si je vous entends encore...

— Non, dit l'autre, c'est votre tour ; imaginez, citoyen Pelletan, que vous causez dans un salon.

Le citoyen Pelletan l'imagine aussitôt. Pour plus de vraisemblance, il a retiré son cigare de sa bouche et il le tient derrière son dos. Il salue, il sourit, et, avec des mines charmantes, il détaille à quelque duchesse un madrigal délicieux. Naturellement, c'est Jaurès qui fait la duchesse.

Les deux orateurs, qui sont l'un et l'autre des causeurs exquis, prennent un sensible plaisir à se donner la réplique. Ah ! qu'ils s'amusent !... Et moi !

— Il est impossible de mieux s'entendre, reprend Jaurès ; mais poursuivons l'expérience, *decrescendo* ; parlez plus bas encore, citoyen Pelletan, comme vous parleriez dans une alcôve...

L'illustre homme d'Etat réalise gracieusement cette imagination galante. Il se penche vers une oreille invisible, susurre des paroles suaves, et sa voix nous arrive, ténue, mais nette comme un fil de soie.

— Cette fois, conclut Jaurès, il n'y a plus moyen de parler plus bas... Et même, si je me tais, vous êtes capable d'entendre ce que je me dis dans mon for intérieur...

C'est à peine une hyperbole. Si deux de ces parfaits amants, dont les poètes viennent ici nous conter les tendres aventures, essayaient pareillement cette acoustique incomparable, n'en doutez point, d'un bout à l'autre du théâtre, ils pourraient, lèvres

closes, accorder les battements de leurs
cœurs... Résonance prestigieuse, qui non
seulement respecte les plus menues in-
flexions de la voix, mais tout ensemble les
renforce et les affine, leur ajoute de la douceur et de l'éclat, comme le cristal fait plus
claire l'eau limpide...

*
* *

— Si je me tais... avait dit Jaurès.

Mais, pour notre joie, Jaurès ne se taisait
point. Figurez-vous les transports de Paga-
nini réveillant de son archet l'âme fragile et
frémissante d'un stradivarius inouï ; de
même, la voix souveraine de Jaurès évoquait
l'âme immortelle des muses latines, qui ha-
bite la grande muraille mélodieuse... Et
jamais je n'ai mieux compris l'art oratoire
que ce jour où il me fut donné de voir et
d'entendre ainsi, tout seul dans ce décor
splendide, Jean Jaurès haranguer le soleil !

Connaissez-vous les « armes » de Mistral ?

Une cigale, les ailes ouvertes, avec cette devise, dans la langue de Mireille : *Le soleil me fait chanter*. Ainsi chantait Jaurès à Orange. Ce qu'il chantait ? Qu'importe ! Il chantait pour satisfaire un besoin organique, impérieux ; il chantait comme les oiseaux s'envolent et comme les fleurs embaument ; il ne chantait pour personne, mais pour lui, pour le plaisir magnifiquement puéril de faire vibrer sa cymbale retentissante...

Au risque de rompre le charme, je m'approchai doucement. Et savez-vous la première parole que m'adressa, dès qu'il m'aperçut, le glorieux poète lyrique ?

— Regardez, me dit-il, ces hirondelles qui se balancent dans l'air bleu ; lorsqu'elles frisent la muraille, la lumière est si vive et si pure que leur ombre les dédouble, comme si elles passaient devant un miroir...

Et Jaurès, comme les hirondelles, se mirait dans la grande muraille. Il lui disait

des vers, amoureusement. Car ce n'était pas
pour moi, certes, que tant de strophes fleu-
rissaient sur ses lèvres.

J'aurais fait devant toi porter tous mes trésors...

Il s'arrêta, pour nous faire mieux goûter
la saveur de cet hexamètre racinien.

— Quelle sobriété ! Quelle discrétion ! Et
pourtant n'est-ce pas tout un tableau ? Ne
voyez-vous pas, dans ce simple vers, le plus
somptueux cortège, tout un défilé de chameaux chargés d'or et de pierres précieuses ?

*
* *

A vrai dire, j'avais beau écarquiller les
yeux, je ne voyais pas les chameaux, car je
suis né dans le nord, et la nature ne m'a
doué que d'une imaginative courte et indi-
gente. Mais je n'en étais que plus ébloui des
feux d'artifice, dont un hasard miraculeux
m'offrait le spectacle. Maintenant, Jaurès se

récitait la grande scène de *Phèdre*, que Sarah Bernhardt devait jouer le soir même :

> Dieux! que ne suis-je assise à l'ombre des forêts!
> Que ne puis-je au travers d'une noble poussière
> Suivre de l'œil un char fuyant dans la carrière...

Soudain, j'aperçus derrière le figuier une femme au port de déesse, immobile et attentive. C'était Sarah Bernhardt en personne, et jamais je n'oublierai la jolie expression de surprise amusée qu'avait son visage, tandis qu'elle écoutait Jaurès... dans *Phèdre*.

Sarah venait-elle répéter? Aurais-je la rare fortune d'ouïr la voix d'or de Sarah et la voix d'airain de Jaurès communier en Racine? Non, mais la Providence eut l'esprit de nous envoyer, avec le reste de la troupe, un amateur de talent qui s'empressa de photographier en groupe tous les artistes.

— Restez-vous ce soir? demandai-je à Jaurès.

— Non, je suis obligé d'être demain à

Nîmes ; je fais une conférence dans les arènes...

Jaurès dans les arènes de Nîmes ! Cela me rappela une réflexion d'Augagneur, avec qui je visitais le Colisée :

— Il faudrait là-dedans une course de taureaux, ou un discours de Jaurès...

Cependant, j'exprimais au grand orateur tous mes regrets de ne pouvoir le suivre à Nîmes.

— Les arènes ! dis-je ; mais c'est quatre fois grand comme ce théâtre... Si puissantes que soient vos cordes vocales, réussirez-vous à vous y faire entendre ?

Jaurès hocha la tête pour me signifier qu'il en était sûr.

— Vous y avez donc parlé déjà ?

Alors, il me répondit bonnement :

— Non, mais on y entend bien Mounet-Sully !

VIII

Pour que Jaurès redevienne Jauressiste

Comprenez-vous quelque chose à la politique de Jaurès, vous ?

C'est bien le cas de dire qu'il faut, pour la comprendre, avoir fait ses études. Et ce n'est pas encore assez ; il faut se rappeler, par exemple, quelques petites choses comme celle-ci, que me conta jadis feu Félix Deltour, le meilleur de nos excellents maîtres :

Au collège de Castres, Jaurès était déjà le premier rhétoricien de France. Un jour, son professeur lui proposa ce sujet de composition française : « *Discours de Vercingétorix se rendant à César.* »

Assurément, il n'est pas de thème plus

propre à exalter tout ensemble l'éloquence
et le patriotisme de nos jeunes élèves. Vous
observerez peut-être, si vous avez gardé
quelques menus souvenirs de ces temps loin-
tains, qu'en se rendant à César, Vercingétorix ne prononça aucun discours. Bien au
contraire, l'histoire — ou la légende — rap-
porte qu'au sortir d'Alésia Vercingétorix ga-
gna la tente de César et jeta ses armes au
pied du vainqueur, *sans mot dire*. Les professeurs d'histoire ont même coutume d'a-
jouter que ce farouche mutisme fut plus éloquent et plus sublime que toutes les haran-
gues. Mais l'objection n'est pas sérieuse. Si
les professeurs d'histoire se mettaient à nar-
rer de la sorte tous les événements mémo-
rables, il est trop évident que les professeurs
de rhétorique n'auraient plus rien à dire. Et
ce serait grand dommage.

Le professeur de Castres avait donc parfaitement raison de ne pas attacher trop
d'importance à un détail secondaire, en

somme, sinon inventé à plaisir. Et ses élèves
ne voyaient pas plus d'inconvénient que lui
à « développer », en trois paragraphes, le
mutisme de Vercingétorix.

*
*   *

Est-il besoin de vous dire que le développe-
pement de Jaurès fut admirable ? Vercingétorix exposa, en périodes si magnifiques,
les trois raisons principales pour lesquelles
il croyait devoir se renfermer dans un sombre silence, que toute la classe souligna sa
péroraison d'applaudissements unanimes.
N'en doutez point : s'il avait ouï ces ardentes
paroles, César — qui était un artiste, lui
aussi — n'aurait pas fait étrangler Jaurès.

Cependant, l'honnête professeur de rhétorique ne voulut pas perdre une si belle occasion d'exercer ses élèves aux émotions nobles. C'est pourquoi, la semaine suivante, il
les pria de composer la réponse de César à
Vercingétorix. J'ignore quelles furent, cette

fois, les trois idées à développer ; mais je
n'ai pas besoin de vous dire que le développement de l'élève Jaurès fut encore plus admirable.

*
* *

D'où vient que, naguère, la voix de Jaurès avait tant d'écho dans les âmes bien
nées ?

C'est que ce poète lyrique était un homme
d'action ; c'est que ce rêveur avait le sens
du réel. Sans doute, il n'avait pas inventé
l'opportunisme ; mais il en avait renouvelé
et perfectionné la méthode. Il ménageait
harmonieusement les transitions nécessaires
entre M. Combes et l'idéal. Il avait rendu
possible l'œuvre de Millerand et de Briand...

Briand, Millerand, Jaurès... Pour qui a
suivi l'histoire intime du parti socialiste depuis quelque dix ans, le simple rapproche-
ment de ces trois noms fait jaillir tant d'ironies !

Rappelez-vous, par exemple, la discussion du « cas Millerand » au Congrès de Lyon. Avec quelle fougue, quelle passion, quelle forte et fine dialectique Jaurès plaida la cause du citoyen ministre ! Jamais il ne fut plus beau, plus impérieux, plus touchant. Une commission spéciale avait été nommée pour résoudre cet épineux problème de tactique : « Dans quel sens faut-il entendre la *conquête des pouvoirs publics*, inscrite au programme du parti ? Un socialiste a-t-il le droit de les conquérir tout seul ? »

Suivant l'usage, les malins répondaient par une de ces motions emberlificotées, ambiguës et conciliantes, qui, d'une part, affirment les règles et d'autre part les confirment par des exceptions. Le tout sauve provisoirement toutes les faces. C'est bien ainsi que l'entendait Jaurès. Ah ! Quels arguments il nous « sortit » ce jour-là !

« Souvenez-vous de l'affaire Dreyfus, disait-il. Au début, nombre de militants me reprochaient pareillement de compromettre le parti dans une aventure bourgeoise ; tous reconnaissent à cette heure que j'avais vu clair et qu'on ne pouvait compter sur une crise nationale plus favorable aux intérêts du socialisme. Soyez sûrs qu'il en va de même aujourd'hui, camarades ; l'entrée de Millerand dans le cabinet Waldeck sert encore mieux notre cause que la revision du procès Dreyfus, et, de même qu'à présent il n'est plus de socialiste qui ne soit dreyfusard et qui ne me félicite d'avoir écrit *les Preuves*, de même je vous prédis que le jour n'est pas loin où vous serez tous réformistes ; et je vous donne rendez-vous au prochain congrès, où vous conviendrez de bonne grâce que j'avais raison de défendre contre vous Millerand et de vous faire son apologie... »

Bien entendu, je ne vous donne, je ne puis vous donner que le sens général de la comparaison. Il fallait entendre comme cela était dit. Jaurès n'avait pas seulement des larmes dans la voix ; il en avait jusque dans les yeux. Oui, il pleurait, et ce n'était pas pour rire. Et nous autres, nous pleurions tout de même. Le sein de la commission haletait d'émoi. J'entends encore l'un de nos camarades, qui fut l'un des adversaires les plus implacables de la politique millerandiste, s'écrier à la sortie :

— Bon Dieu ! quand on vous raconte des choses pareilles, il faudrait être une sacrée vache pour ne pas pleurer comme un veau !

Et le camarade pleurait en effet comme il le disait. Ce qui, d'ailleurs, ne l'empêcha point de voter éperdument contre Jaurès. Ah ! la vertu de l'éloquence...

*
* *

Il en fut ainsi jusqu'au congrès d'Amsterdam. Là, Jaurès exposa et développa sa thèse dans presque toute son ampleur. Mais quand on alla aux voix, il fut battu par les guesdistes, qui, par des manœuvres abortives, s'étaient assuré les suffrages des représentants du parti socialiste d'Honolulu et des îles Fidji.

« Ça ne compte pas », dit Jaurès, et il revint en criant victoire à tue-tête. Il avait bien raison : en dépit des apparences, c'était lui le vainqueur, et il ne lui restait plus qu'à monter au Capitole.

Nous nous préparions à de grandes choses, et je me souvenais notamment d'un propos qu'il m'avait tenu naguère, à la veille des élections de 1902. Nous nous réjouissions, ce soir-là, du progrès de nos idées, grâce au ministère Millerand, qui avait rassuré l'opinion et rendu l'hydre socialiste plus présentable.

Naïvement, je dis :

— Eh bien ! Jaurès, quand aurons-nous le plaisir de vous voir président du conseil ? Ne croyez-vous pas qu'après les élections, nous n'aurons plus seulement un portefeuille, mais bien tous les ministères ? Hein ! Qu'est-ce que vous diriez d'un cabinet révolutionnaire homogène ?

A parler franc, je dépassais quelque peu le maximum de mes espérances ; mais quand on forme des ministères en Espagne, le maroquin ne coûte pas cher, et ce n'est vraiment pas la peine d'en priver les amis.

Une petite flamme avait lui dans l'œil de Jaurès. Et il me répondit, de sa grande voix prophétique :

— Non, ce ne sera pas encore pour cette législature ; *mais ce sera pour l'autre, dans quatre ans...*

A ces mots, mon cœur bondit d'allégresse. Dans quatre ans, le parti serait le gouvernement ; dans quatre ans, la révolution serait faite ou plutôt se ferait, tout doucement, comme le jour se lève. Je croyais trop en Jaurès pour ne pas ajouter foi à une prédiction si nette.

Aussi bien, pour la faire, il n'y avait pas besoin d'avoir cet admirable don de divination, que Jaurès partage avec tous les grands poètes ; il suffisait de regarder autour de soi, devant soi. N'était-ce pas Jaurès, qui, sous l'espèce du Petit Père, était le maître de l'heure ? Pour que le Parlement lui donnât carte rouge, il ne restait plus qu'à changer quelques étiquettes. Nous le tenions, le ministère Jaurès, le Grand Ministère ; nous allions demain célébrer la Pâque socialiste...

Et puis... Pouf ! Plus personne. Tiens ! Où donc est passé Jaurès ? Coucou... Ah ! le voilà... Le voilà dans les jambes de Guesde. Mais d'où lui vient cet air inquiet, minable, aplati ? Est-ce que Guesde s'est assis dessus ?

*
* *

Non, mais, dites-moi, vous qui êtes d'une intelligence très supérieure à la moyenne, puisque vous êtes abonné à *l'Œuvre*, dites-moi, cher ami, est-ce que vous y comprenez quelque chose ?

J'offre en prime toute *l'Histoire socialiste*, et les œuvres complètes du docteur Herr par-dessus le marché, à celui qui m'expliquera clairement ce phénomène : comment un homme de cette valeur intellectuelle peut-il se contredire à ce point ? Car il n'y a pas d'erreur : présentement, Jaurès nous dit tout juste le contraire de ce qu'il nous disait voilà deux ans. Qu'est-ce qui lui a pris ?

L'autre mois, dans une grande controverse, comme on les aime à Toulouse, l'ami Bouglé défendait contre Jaurès le programme radical-socialiste. Savez-vous comment Bouglé a fait pour répondre à Jaurès ? Il lui a lu du Jaurès, tout simplement. Du Jaurès d'hier, cueilli dans *la Dépêche* ou dans *la Petite République*. C'était, paraît-il, à mourir de rire.

J'entends bien ; vous dites : « Jaurès est trop artiste pour ne pas varier ses effets.

L'année dernière, il faisait le discours de
Vercingétorix ; cette année, il fait la réponse
de César. »

N'importe ; ça n'explique pas tout. Et,
tout compte fait, je crois bien qu'il faut
nous borner ici à constater l'extraordinaire
ressemblance de Jaurès avec la maîtresse de
Benvenuto Cellino. Vous rappelez-vous avec
quelle ingénuité délicieuse Benvenuto nous a
conté ses amours avec l'adorable Catherine ?

« Enflammé de colère, je la saisis par les che-
veux et je la traînai par la chambre en la rouant
de coups de pied et de coups de poing, jusqu'à ce
que la fatigue m'obligeât de m'arrêter... Je craignais d'abord d'avoir eu grand tort de la mal-
traiter ainsi. Mais le lendemain, la Catherine
frappa à la porte avec tant de fureur, que je cou-
rus moi-même voir si c'était un fou ou quelqu'un
de la maison. Dès que j'eus ouvert, cette imbécile se précipita à mon cou, m'étreignit dans ses
bras, m'embrassa et me demanda si j'étais encore fâché contre elle. Je lui répondis que non.
— « Eh bien ! alors, reprit-elle, offrez-moi un bon
déjeuner. » J'y consentis, et je mangeai avec
elle en signe de réconciliation. Je me mis ensuite

à dessiner, mais une séance amoureuse inter-
rompit le travail ; puis, précisément, à la même
heure que la veille, elle me taquina au point que
je fus encore forcé de la rosser d'importance.
Les mêmes scènes se renouvelèrent durant plusieurs jours... » (1).

Y a-t-il encore des poètes parnassiens ?
Je leur signale ce joli sujet de lever de ri-
deau pour l'Odéon nouveau jeu. Tout le
monde y reconnaîtrait l'histoire des amours
de Guesde et de Jaurès.

— Que voulez-vous ? me disait l'autre
jour un spirituel parlementaire, qui fut le
plus dévoué collaborateur du Grand Tribun ;
que voulez-vous ? Il aime à être battu.

C'est bien ça. Je vous défie de concevoir
autrement la psychologie de Jaurès : il a
besoin que Guesde lui administre chaque
matin quelques coups de discipline socialiste.

_____

(1) *Œuvres complètes* de Benvenuto Cellini, trad.
Leclanché, t. II, p. 28.

Notez qu'il ne pourra jamais avoir, quoi qu'il fasse, d'autre rapport avec lui. Est-il rien de plus dissemblable que ces deux hommes ? Mettez-les seulement l'un auprès de l'autre, comme ils étaient au second banquet de Saint-Mandé, et vous aurez bien de la peine à ne pas rire, tellement le contraste est comique.

Gardons-nous bien de faire ici quelques médiocres et vilaines plaisanteries sur le physique de Jaurès et de Guesde. Non, il ne s'agit que de vérifier une fois de plus le matérialisme de l'histoire (je suis capable, moi aussi, de dire des gros mots, quand je veux); et je prétends que toute l'histoire des divisions socialistes s'explique par l'opposition irréductible des idiosyncrasies de nos deux leaders.

Pour parler plus humainement, Jaurès est un gras, Guesde est un maigre : voilà toute l'affaire. Jaurès est un somptueux arthritique ; Guesde est un anémique bilieux. C'est

pourquoi leurs humeurs seront toujours incompatibles.

Substantiel, cordial, généreux, Jaurès
souhaite abondamment que tous les hommes
aient de la joie, et qu'ils en aient jusque-là ;
Guesde abomine ceux qui jouissent. Celui-ci
s'applique à détruire ; celui-là construit.
L'un est socialiste par haine, l'autre par
amour.

Jaurès dit avec un rire bon : « Après tout,
nous ne sommes pas des ascètes. » Guesde,
lui, est un ascète. Je vois encore sa
silhouette d'araignée poilue surgir derrière
moi dans la cage de l'escalier, le jour où
j'allai lui demander à quelle date il avait
définitivement fixé la révolution sociale. *Maigre, aigre, âpre, et âcre.* S'il n'y tient pas
tout entier, il y a beaucoup de lui dans ces
quatre mots ; prononcez-les du fond de la
gorge, et vous aurez comme un écho de sa
voix, que ses amis comparent tour à tour à
celle du chacal et de la hyène.

Il portait dans un papier quelque chose
de mou, qui pouvait bien être de la charcu-
terie. M'ayant introduit dans une chambre
modestement meublée, il eut soin de me faire
remarquer dès l'abord l'exiguïté de son lo-
gis. Non sans amertume, il me dénonça les
calomnies répandues à ce propos dans la
presse capitaliste. Les plus odieuses étaient
assurément celles de M. Adolphe Brisson,
qui avait osé écrire dans *le Temps* :

La maison de M. Jules Guesde est avenante
d'aspect et de bourgeoise apparence. Un solide
portail en chêne verni la défend contre les in-
vestigations indiscrètes. À mon coup de sonnette elle s'est entrebâillée. Et j'ai aperçu, de
l'autre côté du seuil, un pimpant jardinet, lus-
tré, coquet, sablé de fin gravier, fleuri de roses.
Un domestique a passé mon nom au chef du
parti ouvrier...

... Comme il me reconduisait vers la rue, je
ne pus m'empêcher de louer la coquette ordonnance et la ravissante fraîcheur de son jardin.

— C'est un jardin de curé, lui dis-je.

Il sourit...

Des oiseaux gazouillaient sur les arbres de
M. Guesde.

J'ai choisi avec soin dans l'article de notre confrère les insinuations qui m'ont paru
les plus venimeuses. Elles ont encore, six
ans après, le don d'exaspérer le citoyen
Guesde.

— Est-il possible de mentir à ce point ?
Dire que j'habitais une maison bourgeoise,
moi ! Et que j'avais des roses sous ma fenêtre ! Et que des oiseaux gazouillaient dans
mon jardin ! Il faut vraiment avoir la foi
que j'ai dans la liberté de la presse, pour
admettre que l'on puisse écrire impunément
des horreurs pareilles. Quand M. Brisson
vint me voir, mon logement était composé
de trois chambres, au-dessus du local où se
réunissait le conseil du P. O. F. Je payais
300 francs de loyer, vous entendez, *trois
cents francs*. Quant au domestique mâle
(M. Guesde appuya sur l'épithète, comme
s'il y découvrait je ne sais quel raffinement
de perfidie), quant au domestique mâle, c'é-
tait tout uniment notre camarade Roland,

qui me tenait compagnie ce matin-là et qui,
pour m'obliger, alla ouvrir ma porte au
coup de sonnette. Un domestique mâle ! Est-
ce que vous en avez vu chez moi, dites ?

Je convins qu'en effet, je n'en avais pas
encore aperçu. La porte de M. Guesde me
fut ouverte par une femme, qui me parut de
ménage.

La voix de M. Guesde s'adoucit pour me
parler de sa santé, toujours chancelante. Il
me sembla qu'il y mettait un soupçon de
complaisance, car M. Guesde est humble
avec ostentation et malade avec coquetterie...

*
* *

Comme cela ressemble peu à Jaurès !

Celui-ci s'enfle et se travaille pour satisfaire Guesde. Mais Guesde n'est jamais satisfait ; Guesde a fort bien compris que si
Jaurès était tout à fait d'accord avec lui,
Jaurès serait du coup le premier d'entre les
guesdites, le chef de l'école ; alors Guesde,

dépouillé de son empire, n'aurait plus, pour retrouver quelque prestige, qu'à devenir jauressiste. Aussi défend-il héroïquement ses positions doctrinales ; quand Jaurès, le serrant de trop près, est sur le point de lui donner raison, Guesde trouve aussitôt le moyen de lui chercher une noise nouvelle et il maintient les distances par une surenchère imprévue.

C'est ainsi que Jaurès, rencontrant Guesde à Bordeaux — chez le citoyen Camelle, si j'ai bonne mémoire — lui tint ce langage prévenant :

— Puisque nous sommes réconciliés et que l'unification du parti est maintenant réalisée, il importe qu'on le sache ; s'il vous plaît, nous allons entreprendre ensemble une grande tournée de conférences à travers la France...

— De quoi parlerons-nous ? demanda Guesde, sans enthousiasme.

— De la journée de huit heures.

Guesde eut un geste coupant.

— Jamais ! s'écria-t-il de sa voix acide. La journée de huit heures ! Encore une de ces réformes décevantes, qui ne servent qu'à berner le prolétariat...

Jaurès n'en revenait pas. Moi non plus. Le citoyen Guesde voulut bien m'éclairer sa pensée :

— Un de mes amis m'a conté, dit-il, qu'à Chicago et dans quelques autres villes d'Amérique, on applique déjà le système de la journée de huit heures. Un soir, mon ami eut l'occasion d'assister à la sortie d'une grande usine. Il s'attendait à voir défiler de beaux ouvriers, sains, robustes, joyeux ; quelle ne fut pas sa surprise, quand la porte livra passage à des êtres débiles, pâles et décharnés, qui se traînaient péniblement... C'étaient des squelettes, des ombres ! Pour peu qu'on y réfléchisse, il est facile de comprendre ce phénomène. Si les patrons consentent à réduire la durée du travail, c'est à

la condition qu'il sera plus intense et que
la production restera constante. En sorte
que les ouvriers surmenés, épuisés par un
labeur excessif, ne tardent pas à dépérir. On
leur détraque le système nerveux, on les
vide, on les tue un peu plus vite que dans
nos bagnes d'Europe. Voilà tout ce que le
peuple y gagne. Et il en sera de même pour
toutes vos prétendues réformes, tant qu'il
y aura des bourgeois et des prolétaires, tant
qu'une classe opprimera et exploitera l'autre !

*
* *

Ascétisme, naturalisme : les deux pôles de
la sensibilité et de la pensée humaines ; les
deux principes contraires, que personnifient
Guesde et Jaurès...

Certains journaux ont annoncé qu'un dé-
légué de la Fédération du Gard avait demandé au Conseil national l'excommunication du citoyen Pastre, député du Vigan.

N'avait-il pas eu la triste faiblesse « d'accepter des conditions posées par un congrès radical » ? Pactiser avec ces infâmes. radicaux, c'était déjà grave ; mais on ne disait pas tout, et, à vrai dire, la raison invoquée, si sérieuse qu'elle paraisse, n'était qu'un prétexte pour exclure décemment un membre devenu tout à fait indigne. Le citoyen Pastre est, en effet, de l'ancienne école jauressiste ; comme Jaurès, il aime la bonne nature, et, pour fêter le printemps, il ne lui suffit pas de célébrer le premier mai et la Pâque socialiste.

C'est ainsi qu'un beau jour, un jour où il faisait beau, le bon Pastre, innocent et guilleret, s'en fut à la Fête des Fleurs. Que dis-je ? Si l'on en croit les comptes rendus, il ne craignit pas d'y aller — circonstance aggravante — dans « un petit tonneau richement décoré »... Richement décoré !

Il y a pis. Quand on a un pied dans le crime... Croiriez-vous que le citoyen Pastre

fut le roi de la fête et partagea le grand prix
d'honneur avec la toute charmante Arlette
Dorgère et la non moins exquise Marcelle
Nangis ? En apprenant cette horrible nouvelle, le citoyen Guesde s'écria : « Ce prix
d'honneur déshonore le parti... Il leur faut
des fleurs maintenant ! N'est-ce donc pas
assez que l'on passe à Jaurès ses fleurs de
rhétorique ? »

C'est en vain que le citoyen Pastre, rou-
lant ses beaux yeux ingénus de coléoptère
amoureux, mettait la main à plat sur son
cœur et protestait qu'il était demeuré pur.

— En attendant la révolution sociale,
n'est-il pas permis de chercher, dans les
fêtes bourgeoises, un petit avant-goût des
joies de la cité future ?

— Non, non, répliquèrent les marxistes
sans pitié ; cela n'est plus tolérable...

Et ils résolurent de poser au prochain
congrès international cette question de doctrine : « Un socialiste unifié peut-il, sans re-

nier ses principes, aller dans un petit tonneau à la Fête des Fleurs ? »

*
* *

A Rome, le triomphateur était suivi d'un
certain nombre de citoyens mal embouchés,
qui étaient officiellement chargés de lui hur-
ler des injures. Cela pour éviter que
l'homme, à qui l'on décernait les honneurs
du triomphe, n'en conçût trop d'orgueil.
C'est sans doute dans le même esprit d'humi-
lité que Jaurès crut devoir ouvrir les co-
lonnes de son journal à cette bande de « com-
pagnons », auxquels il commit le soin de
l' « engueuler » tous les jours.

Il faut convenir qu'ils s'en acquittent à
merveille. De quel air, ces énergumènes de
l'anarchie sont entrés dans la maison !
« Qu'il n'y ait pas de malentendu, criaient-
ils ; ne mêlons pas nos sabots. Nous ne dai-
gnons vous apporter les nôtres que pour
vous les fourrer quelque part. » — « Parfai-

tement, mes chers camarades, répondait
Jaurès avec mansuétude, toutes les opinions
sont libres. » — « Immondes politiciens ! re-
prenaient les autres ; vous êtes des farceurs
et des fripouilles. A bas toutes les politiques ! » Et Jaurès disait : « Ainsi soit-il. »

Là-dessus, les « syndicalistes » de la Confédération du Travail commencèrent à ex-
poser leur théorie de l'action directe et une
ténébreuse discussion s'engagea entre parlementaires et libertaires. Je confesse que
je n'ai pas eu le cœur de la suivre jusqu'au bout, si toutefois elle en a un. Certes,
je suis un socialiste assez vertueux pour
payer régulièrement mon abonnement à
l'*Humanité* ; mais je ne pose pas pour le
héros : j'ai rarement eu la force d'en lire
plus de trois lignes.

Et voilà bien l'un des phénomènes les plus
extraordinaires que je sache. Il ne manquait
pourtant pas d'hommes dans cette *Humanité*.
Il y en avait même un peu trop, m'a-t-on

dit, autour de son berceau. Ces hommes
choisis par Jaurès avaient tous de la valeur.
Il y en avait même qui valaient plus de mille
francs par mois. Comment diable pouvaient-
ils bien s'y prendre, à eux tous, pour faire
un journal si totalement dénué d'intérêt ?

L'étonnement grandit encore, si l'on considère l'ensemble du parti. Il n'en est pas
d'autre qui compte plus de fortes têtes. De
l'aveu commun, nos leaders socialistes forment une élite spirituelle. Comment cette
élite n'a-t-elle jamais réussi, dans la presse
quotidienne, à donner la mesure de son intelligence ? Pourquoi le journal du parti est-
il si pauvre, si somnifère, si nul ?

Vous me direz que l'on peut être un grand
orateur et un médiocre publiciste. Encore
n'est-ce pas vrai pour Jaurès, que je m'obstine à regarder comme un maître de la chro-
nique. Vous me direz que ses collaborateurs
suaient et puaient l'ennui ; vous me direz

qu'à part le Dr Herr, il n'y avait pas un
journaliste dans la maison. N'importe ; j'ai
assez vécu dans les salles de rédaction pour
n'avoir pas la superstition du « profession-
nel ». Quand un homme se rencontre qui a
quelque chose d'intéressant à dire, il se
trouve infailliblement d'autres hommes qui
le lisent avec intérêt, quel que soit son défaut ou son excès de style. Or, qu'y a-t-il de
plus intéressant, de plus passionnant que la
question sociale ? C'est le cas de dire que le
sujet vous porte ; et quand on a la foi, il
vous transporte. Les souffrances, les es-
poirs, les rêves de l'humanité, quelle magnifique matière ! Quelle mine inépuisable d'articles, d'échos et d'entrefilets ! Comment les
collaborateurs de Jaurès ne trouvaient-ils
pas tous les matins des accents sublimes
pour chanter avec lui sa nouvelle chanson ?

C'est un fait : les collaborateurs de Jaurès — si toutefois l'on excepte M. Francis
de Pressensé — étaient rarement sublimes.

Hélas ! ils n'étaient même pas rigolos. Et c'est surtout ce qu'il convient de déplorer, car ils ont fait par là le plus grand tort à la cause. Il suffisait en effet de les entendre cinq minutes pour se dire : « Zut alors ! Si c'est ça, le Paradis qu'ils nous promettent... Ce qu'on s'embêtera, dans leur Cité future ! »

N'objectez point qu'il a toujours été très difficile de décrire les Paradis et de donner une idée de leurs joies. Si le Paradis socialiste est comme les autres et si ses « managers » eux-mêmes ne trouvent à y mettre que l'ennui, n'y a-t-il pas au moins les horreurs de l'Enfer capitaliste à nous peindre ? Quelle source d'émotions ! Quel thème d'ironies ! A défaut d'un Dante, on se serait contenté d'un Voltaire ; à défaut de Voltaire, on se serait rabattu sur un Beaumarchais. Ah ! comme Figaro, ayant cette fois la liberté de tout dire impunément, aurait trouvé dans notre comédie bourgeoise l'occasion d'exercer chaque matin sa verve révolution-

naire ! Mais, hélas ! les rédacteurs de *l'Humanité* n'eurent jamais de commun avec
Figaro que la barbe et le rasoir...

*
* *

Le plus drôle de la bande est encore ce
brave Révelin.

Si Révelin avait l'air un peu moins funè-
bre, on le prendrait pour un croque-mort.
Ne lui demandez pas comment il se porte ;
il vous répondrait, de sa voix sépulcrale,
qu'il se porte en terre.

Vous ne serez pas trop étonnés d'apprendre que ce lugubre citoyen n'a guère de
chance. Il a posé deux fois sa candidature
à la députation, et, à deux reprises, il est
resté sur le carreau. Ce n'est point que sa
tête ne revienne pas aux électeurs, bien au
contraire. Rien qu'à voir ce pauvre garçon,
si triste, si pitoyable, on a tout de suite envie
de lui donner sa voix pour le consoler un
peu. Mais c'est ici que Révelin joue de

malheur : figurez-vous que son concurrent s'appelle Lenoir. Quand les électeurs lisent ce nom sur les bulletins qu'on leur présente, ils ne manquent pas de se dire : « Lenoir ? Evidemment, ça ne peut être que lui... » Et, croyant voter pour Révelin, c'est l'autre qu'ils envoient à la Chambre.

En attendant qu'il parvienne à dissiper cette funeste méprise, l'infortuné Révelin s'est imposé la tâche ingrate de fabriquer des statuts pour le Parti. Tous les ans, il en confectionne de nouveaux, qui sont adoptés de confiance ; et comme il est le seul à les avoir lus, cela lui confère dans les congrès et les conseils du Parti l'autorité la plus légitime. Au moment où la discussion s'échauffe ou s'embrouille, on est toujours à peu près certain de voir Révelin surgir à la tribune, lever un doigt pâle, impérieux, et, d'un ton qui glace le courage des plus intrépides, il laisse tomber ces paroles fatidiques : « *Le Statut du Parti...* » Alors personne n'a plus

rien à dire et tout rentre dans l'ordre. Révelin est le Commandeur du Statut.

*
* *

A l'*Humanité*, le camarade Lafargue s'é-
tait préposé au fouet de la satire. Encore un
type curieux : il est vraiment très regrettable
que son talent ne le mette pas davantage en
lumière.

Le citoyen Lafargue fait bien tout ce qu'il
peut pour qu'on le remarque. Mais il n'est
guère remarquable que par ses millions et
son mariage ; car il a épousé la fille de Karl
Marx, et si la doctrine marxiste condamne
l'héritage, ça n'empêche pas le citoyen Lafargue d'en avoir hérité et de s'en faire un
monopole. Est-ce en l' « exploitant » qu'il
acquit son immense fortune ? On l'ignore ;
tout ce qu'on sait, c'est qu'il est encore plus
avare que riche. A sa mort, je propose qu'on
lui élève un monument où il sera représenté,
la main fermée sur le livre de Karl Marx,

avec cette légende qui résume toutes ses
convictions :

« *Le capital, c'est l'argent des autres.* »

*
* *

Cependant, la discussion entre unifiés et
syndicalistes s'est poursuivie implacable-
ment, si bien que la mort de l'*Humanité* a
failli s'ensuivre. Au moment où elle allait
rendre le dernier soupir, ce bon Révelin,
dont les intentions sont toujours excellentes,
lui administrait sa théorie lénitive de « l'u-
nion personnelle ». Qu'est-ce que ça peut
bien être, l'*union personnelle* ? Est-ce un
genre d'union qu'une seule personne con-
tracte avec elle-même ? Ou bien une manière d'union, où personne ne s'unit ? Ce doit
être plutôt ça, si l'on en juge par le spectacle
que nous offre l'unité socialiste; mais ce qui
me frappe le plus dans cette formule mysté-
rieuse, dont je ne cherche pas à approfondir
le sens, c'est son caractère byzantin, scolas-

tique. *L'union personnelle...* Ouvrez les livres des théologiens du moyen âge, et vous y trouverez des expressions toutes pareilles. Nos docteurs socialistes les discutent avec la même subtilité et se disputent avec la même fureur. N'était-ce pas l'un d'eux qui, l'autre jour, traitait gentiment Jaurès de « merveilleux marchand de bestiaux » et le soupçonnait de vouloir « noyer le syndicalisme révolutionnaire dans la salive de messieurs les professeurs ? »

Il est bien amusant de les entendre s'accuser ainsi les uns les autres de bavardage ou de pédantisme. Et puisque les professeurs sont mis en·cause, je ne balance pas à convenir de bonne foi que l'Université a gratifié le parti socialiste de ses cuistres les plus distingués. Mais qu'est-ce que leur reprochent donc les autres ?

Les autres, ce sont leurs contradicteurs, qui ne sortent ni de l'Ecole Normale ni de la Sorbonne. Au fait, d'où sortent-ils ? Ce sont ces êtres vagues, d'origine diffuse, que l'on traite généralement « d'intellectuels » ; car, comme ils n'ont jamais rien fait de leurs mains, on suppose poliment qu'ils doivent faire quelque chose de leur intellect.

Sans doute, on étonnerait fort ces demi-savants, qui dissertent avec tant d'assurance sur les revendications du prolétariat, si on leur disait qu'ils ne savent pas encore et qu'ils ne sauront peut-être jamais ce qu'est un prolétaire véritable. Le peuple, la bourgeoisie, le travail, le capital sont pour eux autant d'abstractions qu'ils accouplent ou opposent plus ou moins congrument, comme font les élèves de philosophie. Les plus forts posent la question sociale comme un problème d'algèbre. Ils jonglent avec les chiffres et les concepts ; mais le peuple, ils ne le connaissent point : ils ne l'ont jamais vu que du haut d'une tribune, pour lui « faire la classe », et qu'ils soient ou non professeurs, ce sont presque tous des pions. Car si les professeurs ne sont pas tous pions, les pions ne sont pas tous professeurs.

Ils se croient nés pour faire « l'éducation du peuple » comme ils disent, et c'est la leur qu'il faudrait refaire entièrement pour leur permettre de mesurer la distance infranchissable, qui sépare leurs fictions livresques et burlesques de la réalité concrète, vivante, saignante ! Parlez-leur, non plus du « prolétariat conscient », mais de l'ouvrier en chair et en os, essayez de les intéresser à sa vie vraie, si différente de ce qu'ils imaginent d'après leurs manuels, ils vous répondront superbement : « Peuh ! Littérature... » N'insistons point. Mais c'est pourtant de cela qu'elle était malade, leur *Humanité* : il s'en est fallu de peu qu'elle ne succombât, emportée par une *pionite* aiguë...

*
* *

Souhaitons au moins, dans l'intérêt com-

mun, que cette « école » soit profitable à
notre cher Jaurès. Quand son meilleur ami
nous assure qu'il « aime à être battu », ne
vous figurez point que Jaurès ait pour les
étrivières un goût morbide ou sadique. Ces
coups sont comme la rançon du génie. Car
on n'a pas de génie impunément, même dans
le parti socialiste.

Combien de polémiques hargneuses, de
scissions et d'excommunications, quels que
soient les principes et les grands mots éta-
lés, n'ont jamais eu d'autre cause que la
plus basse, la plus laide jalousie ! Ni Dieu,
ni maître... A bas tous les maîtres ! dirait
notre « syndicaliste ». Si les militants de la
Confédération du travail ou les candidats
du Conseil national n'aiment pas les maîtres
que leur imposent les nécessités ou les contingences économiques, ils aiment encore
moins les maîtres qui s'imposent par leur
talent. « Ni Dieu, ni César, ni tribun »,
chante l'*Internationale*. Unifier, c'est d'abord

niveler. C'est pourquoi Jaurès passe son
temps à s'excuser de son génie. Du mieux
qu'il peut, il s'applique à convaincre les
camarades qu'il n'est pas, en somme, beaucoup plus malin qu'eux. Il se baisse pour
leur faire accroire qu'ils sont de même taille.
Mais il a beau s'accroupir à leurs pieds :
il les dépasse encore de toute la tête.

Tenez compte aussi de la démagogie indispensable. On ne s'expliquerait pas qu'un
homme sérieux prît la peine de discuter les
paradoxes énormes de Gustave Hervé, notre
Sans Patrie National, ou d'autres anarchis-
tes moins en vue, si l'on oubliait que ces
« libertaires » font une active propagande.
Ceux qui ne sont pas de grands électeurs
prennent un méchant plaisir à renverser les
urnes, et ils sont d'autant plus redoutables
que, s'ils prêchent l'abstention, ils n'empê-
chent jamais de voter que les socialistes. Il
importe donc extrêmement de ménager ces
puissances, voire de les flagorner. Et c'est

sans contredit ce qu'il y a de plus humiliant dans le dur métier d'élu socialiste.

C'est aussi ce qu'il y a de plus rassurant pour les classes dirigeantes. Si j'étais un gouvernement bourgeois, je n'aurais cure des « révolutionnaires », attendu qu'ils se chargent de se réduire eux-mêmes à l'impuissance. C'est d'abord un effet naturel des jalousies d'homme à homme. Ont-ils bavé, les « purs », sur Millerand, sur Briand, sur Viviani, sur Augagneur ! Heureusement la bave ne monte pas...

D'autre part, les différentes « organisations » ne semblent s'être organisées que pour se faire la guerre, et, comme dans toutes les guerres, c'est un butin qu'on se dispute : en fin de compte, la véritable question posée entre unifiés et syndicalistes est de savoir qui paîtra cet excellent bétail prolétarien. Car, si les uns professent qu'ils veulent être l'Etat pour faire le bonheur du peuple, les autres ne veulent

supprimer tous les gouvernements que pour
être plus sûrs de gouverner tout seuls. C'est
dire qu'unifiés et libertaires n'arriveront jamais à s'entendre, justement parce qu'ils
ont le même dessein. Les deux forces contraires se neutralisent, et si, par aventure,
les unifiés arrivaient jamais au pouvoir,
ce sont les syndicalistes qui les en délo-
geraient aussitôt. L'animal de la fable se
rongeait les pattes ; l'hydre socialiste fait
mieux : ses têtes s'entremangent.

*
* *

Pourtant, il ne faut pas désespérer. Sans
faire de métaphysique, ni de prophétie,
n'est-il pas aisé de prévoir où nous mène le
mouvement syndicaliste ? L'erreur la plus
grave des théoriciens de la Confédération du
Travail semble être d'imaginer que le syndicalisme se développe ou doit se développer
par opposition au parlementarisme. En fin
de compte, qu'ils le veuillent ou non, c'est un

parlementarisme nouveau qu'ils nous préparent.

Le Parlement actuel ne représente pas la France, mais seulement la carte de France. Il n'exprime aucune réalité, car l'arrondissement n'est qu'une abstraction. Quand les syndicalistes auront pris plus nettement conscience de leur effort, ils s'apercevront sans doute qu'il tend à remplacer la *représentation géographique* par une *représentation économique*, c'est-à-dire à instituer un Parlement *corporatif*, le seul miroir où le peuple se verra.

Et c'est alors, mais alors seulement, que nous pourrons parler sans rire d'un prolétariat conscient, organique, vertébré...

*
* *

En attendant, revenez à nous, Jaurès, ou plutôt revenez à vous-même. Quels que soient vos touchants efforts pour nous en faire accroire, vous n'êtes ni guesdiste, ni

hervéiste. De temps à autre, il vous plaît
de redire que, depuis votre arrivée à la
Chambre vous n'avez jamais changé d'opinion. C'est vrai : vous avez toujours été
opportuniste. Vous l'étiez en 1886 : vous n'a-
vez pas cessé de l'être. Et vous avez eu bien
raison : en réalité, quel que soit le programme, il n'y a jamais qu'une seule politique : l'opportunisme. Les deux mots ne
sont-ils pas synonymes ? Dire d'un homme
qu'il est politique, n'est-ce pas dire qu'il est
fin, avisé, mesuré, et qu'il sait toujours tirer
le meilleur parti des circonstances oppor-
tunes ?

Etre opportuniste, c'est avoir, comme
vous, le sens du réel et du possible ; c'est,
comme vous, connaître assez bien l'histoire
et les hommes pour ne pas se faire d'illusion
puérile sur la vitesse de l'évolution sociale ;
être opportuniste, c'est donner tout leur sens
à ces mots infinis : le temps, la vie... Etre
opportuniste, c'est être modéré, libéral, pro-

gressiste. Il est vrai que ces vocables ont été confisqué par un parti, et il en a si bien détourné le sens qu'à cette heure un « libéral » est un partisan de l'autorité, et que « progressiste » est synonyme de réactionnaire. Les « parlementeurs » font une effroyable consommatoin d'épithètes. Mais c'est précisément parce que le mot d' *opportunisme* était usé, que vous avez avec Millerand inventé le *réformisme*. Et l'on se comprenait mieux encore, lorsqu'on disait le *jauressime*... Maintenant, hélas ! on ne se comprend plus.

Revenez à nous. Qui, *nous ?* Tous ceux que vous avez formés, tous ceux que vous avez éveillés à la vie civique et qui se sont reconnus à votre voix. Tous ceux-là — et ils sont nombreux — pensaient, au lendemain de l'Affaire, que vous alliez être l'ouvrier d'une belle œuvre ; vous aviez la force, qui rend inutile la violence ; et sans tapage, autour de vous, un vaste parti se formait, où les étiquettes parlementaires étaient abolies, et où se fondaient dans un commun désir du mieux être, toutes les volontés nobles. Elles s'en tenaient à ce programme : *La plus grande République*, et sans qu'il fût besoin de voter des statuts et de s'unifier, tous vous reconnaissaient spontanément pour le chef, parce que vous sembliez être le plus grand républicain. Des lieutenants dignes de vous seconder surgissaient de toutes parts ; nous savions où nous allions, la route était droite, libre, claire... Et puis, tout d'un coup, tout s'est brouillé, dispersé, évanoui. Qu'est-il advenu ? Où sommes-nous ? Où êtes-vous, Jaurès ?

Revenez à vous. Soyez Jaurès. Nous avons compris que vous étiez las et agacé de vous entendre accuser de modérantisme ; vous avez prétendu remontrer aux « purs » que vous n'aviez rien abandonné de vos convictions et que, si vous aviez fait quelques concessions apparentes au Bloc, ce n'était pas par intérêt personnel. D'ailleurs, qui donc

aurait pu vous en soupçonner ? Mais s'il y
a du mérite à défendre les opinions extrêmes
et à n'en rien taire par calcul, il n'y a pas
moins de courage à braver les outrages des
envieux et des impuissants, lorsque l'occasion se présente de réaliser ne fût-ce qu'un
tout petit morceau de son idéal. Soyez ministre, Jaurès ; soyez président du Conseil.
C'est votre heure. Vous avez assez prouvé
votre désintéressement pour avoir le droit
d'avouer une ambition légitime et nécessaire.

Par exemple, si vous me permettez de vous
donner un conseil, je crois que vous feriez
bien d'attendre encore quelques années pour
confier à Gustave Hervé le portefeuille de
la Guerre.

Octobre 1906.

IX

Le capitalisme
socialiste

Au manège Saint-Paul.

Jaurès raconte la « crise » de *l'Humanité*
à cinq mille prolétaires conscients.

« *Ce n'est pas notre faute,* dit-il : *nous
nous étions mis en route avec un capital
insuffisant...* »

Pas un des cinq mille prolétaires conscients ne sourcille.

Jaurès continue :

« *...Oui, depuis que s'est produit autour
du journal menacé ce mouvement du prolétariat, les capitalistes se sont aperçus que le
journal pourrait vivre...* »

Ici, les cinq mille prolétaires conscients
sourient finement ; mais cinq mille sourires,
si fins qu'ils soient, font quelque bruit. Jaurès regarde la salle avec étonnement :

« Je n'ai pas l'intention de railler, citoyens... J'ai reçu depuis quelques jours des propositions de capitalistes, d'administrateurs, d'hommes habiles et probes... »

A ce dernier mot, la salle s'esclaffe. Mon voisin, une brave « gueule noire » cligne de l'œil : « Hein ! des capitalistes *probes...* Est-il rigolo ! »

Il n'y a que Jaurès qui ne rit point. Pour couper court à cette gaieté intempestive, il hausse les épaules et fait le geste d'impatience du professeur dont les élèves ont la tête trop dure.

« Voyons ! Ne riez donc pas, citoyens, je parle très sérieusement... »

Mais des fusées de rire partent encore, là-bas, au fond. « Sont-ils bouchés ! » murmure mon voisin, qui a fini par comprendre qu'il ne fallait pas rire, sans d'ailleurs s'expliquer pourquoi. « Sont-ils bouchés ! » Et il crie, sans souci de se contredire : « Un bouchon ! »

Enfin le calme se rétablit, et Jaurès peut poursuivre sa harangue :

« *Je répète que je le dis sans ironie aucune. Ces capitalistes-là, je les remercie très vivement...* »

Mais alors la brave « gueule noire » lève sur moi un regard ingénu, où je discerne beaucoup de stupeur et une pointe d'inquiétude.

Et ce regard demande : « Il y en a donc de bons tout de même, dites ? »

Nous avons encore beaucoup à faire, — n'est-ce pas, Jaurès ? — pour achever l'éducation du peuple.

Les illogismes
d'un logicien

Et le citoyen Jaurès me disait encore :

— Certes, on ne peut pas me soupçonner
d'être un antiparlementaire...

Il avait, disant cela, un sourire qui souli-
gnait tout ce qu'un pareil soupçon pouvait
avoir de paradoxal et d'ironique ; et ce sourire exprimait aussi toutes les joies honnêtes
qu'il goûte au Palais-Bourbon. Car nul
n'ignore que Jean Jaurès est un député modèle ; il a d'ailleurs trop de talent pour y
avoir beaucoup de mérite : n'est-il pas tout
naturel que cet orateur incomparable aime
la tribune en artiste, aussi passionnément
que Sarah Bernhardt aime la scène ?

— Non, certainement, reprit Jaurès, on
ne peut pas dire que je ne sois pas un par-

lementaire. Mais cela ne m'empêche pas
d'admettre qu'à certaines heures la classe
ouvrière ne doive intervenir directement et
exercer une pression sur les pouvoirs publics pour hâter le triomphe de ses revendications...

Il me parut que naguère Jaurès ne tenait
pas le même langage, et je me permis de le
lui faire observer. Je lui rappelai le temps
où il célébrait avec tant d'éloquence les béné-
fices de la méthode réformiste. En ce temps-
là, il raillait avec un humour copieux le
« catastrophisme » de ces guesdistes ingénus, qui ne voient dans la révolution sociale
qu'un miraculeux coup de force et l'attendent comme le Messie, mollement couchés
sous l'orme des principes ; tour à tour, et
avec une égale raison, il les accusait de
paresse et de mysticisme. En ce temps-là,
Jaurès se plaisait à redire ce mot de Millerand, qui résume toute la tactique du réformisme : « Ayons peur de faire peur. »

— Même en ce temps-là, fit-il, j'étais révolutionnaire...

— Oh ! si peu... Vous souvient-il encore
de la thèse évolutionniste que vous avez si
brillamment soutenue au congrès d'Amsterdam ? C'est par les voies légales et par les
moyens pacifiques, c'est par l'action parlementaire que le prolétariat devait poursuivre
ses conquêtes... Quant à l'intervention révolutionnaire, ce n'était déjà plus qu'une clause
de style, un cliché du vocabulaire blanquiste ;
les plus entreprenants la réduisaient à la
chiquenaude légère qui, de la branche, détache le fruit mûr... Encore n'était-elle pas
indispensable ; ce qui était nécessaire, c'est
que le fruit vînt à maturité.

— Bah ! fit Jaurès avec la moue dédai-
gneuse d'un Rothschild à qui l'on offrirait
deux sous : *ce n'était là qu'une métaphore !*
Nous savons bien ce qu'elles valent...

J'avoue que le mot me fit de la peine, car
j'ai toujours cru fermement que les méta-

phores éclatantes dont le grand poète socialiste pare sa pensée ne sont point des images vaines...

Mais ce n'était plus seulement entre le Jaurès millerandiste d'autrefois et le Jaurès guesdiste d'aujourd'hui que je découvrais une contradiction troublante ; cette contradiction, je la retrouvais toute dans sa politique actuelle, qui oscille entre l'action parlementaire et l'action directe. Ne sont-elles pas essentiellement incompatibles ? N'y a-t-il pas entre elles la même opposition qu'entre la loi et l'anarchie ? Comment Jaurès, si large et si puissant que soit son esprit, parvient-il à concilier ces termes extrêmes et en apparence irréductibles ?

*
* *

C'est alors que je lui touchai quelques mots du « sabotage moralisateur ». Il n'en avait pas encore ouï parler. Je dus lui expli-

quer, d'après les maîtres du genre, les nouveaux principes de cette morale en action
directe.

On distingue présentement deux écoles de
saboteurs : pour nous en tenir à la corpo-
ration des boulangers, les uns ne balan-
ceraient pas à introduire dans la farine
diverses substances toxiques. Ils se propose-
raient, en somme, d'empoisonner les bourgeois pour leur apprendre à vivre.

Ils ne nous disent pas, il est vrai, comment ils s'y prendront pour ne pas empoisonner du même coup les prolétaires. Mais
sans doute, le jour venu, la Confédération
du Travail décrétera que, pendant toute la
durée de la grève générale, tous les prolétaires mangeront de la brioche. C'est bien
leur tour.

Les autres, plus accommodants, professent qu'il suffirait de ne pas mettre de levain
dans la pâte ; on obligerait ainsi les bourgeois à célébrer la Pâque socialiste en les

nourrissant de pain azyme. Si cette discrète
leçon n'était pas entendue, les joyeux mi-
trons s'appliqueraient alors de leur mieux
à nous confectionner du pain immangeable.
Ces modérés ne songent nullement à nous
empoisonner, certes non ; ils se contente-
raient de nous faire mourir de faim.

En sorte que, si l'on cherche à mettre en
forme cette généreuse doctrine, on peut définir assez nettement les divers modes connus d'action directe ; et, sauf erreur, il nous
est loisible de les classer dans cet ordre pro-
gressif :

1° La *grève générale*, première forme de
l'action directe, qui consiste, comme vous
savez, à ne pas agir directement. On se
croise les bras et on voit venir. « Tout ce
que je fais, c'est que je ne fais rien » ;

2° Le *sabotage relatif* ou demi-sabotage ;
il consiste, comme nous venons de le voir,
à démoraliser les bourgeois en les affamant ;

3° Le *sabotage absolu*, qui consiste à les moraliser en les empoisonnant ;

4° Si l'on s'élève encore d'un degré, nous en venons au *sabotage direct*, tel que le préconise le citoyen Yvetot ; il s'exerce non plus sur les instruments ou les produits du travail, mais *in anima vili*, c'est-à-dire sur le bourgeois lui-même ; il consiste à lui mettre du plomb dans la tête et du fer dans le ventre.

*
* *

Le citoyen Jaurès m'avait bien dit qu'il était partisan de l'action directe, mais je ne me tenais pas encore pour satisfait. Dans quelle mesure l'admettait-il et sous quelle forme ? Il me semblait impossible qu'un grand esprit comme le sien, accoutumé dès l'enfance à conduire par ordre ses pensées, n'eût pas fait ces distinctions élémentaires. Si ce philosophe leibnizien ne répugne pas à l'action directe, me disais-je, c'est assurément qu'à ses yeux elle est .« fondée en raison ». Mais, dans ce cas, jusqu'où la pousse-t-il ? Jusqu'à quel degré la juge-t-il légitime et nécessaire ? Lorsque son camarade Yvetot s'écrie : « Frappe au ventre ! » Jaurès va-t-il applaudir et s'engagera-t-il à crever, dès la rentrée des Chambres, la « paillasse » insolente de M. Ribot ? S'il n'admet, au contraire, l'action directe que *jusqu'à un certain point*, quel est ce point, et pourquoi s'y arrête-t-il ? Au regard de l'éminent dialecticien qui acheva de nous démontrer « la réalité du monde sensible », toute action suppose une méthode, une discipline ; et, dans l'espèce, son action doit être d'autant mieux dirigée qu'elle a la prétention d'être plus directe. Quelle est donc ici la règle ? Quels sont les principes directeurs de l'action directe ?

Je fus étonné de voir que, sur cette question de méthode, la pensée du subtil et solide

logicien demeurait encore incertaine et flot-
tante.

— Que voulez-vous ? me dit-il en levant
les bras et les épaules ; ma règle en cette
matière est de prendre conseil des événements. Tout dépend des circonstances et de
l'heure ; *age quod agis*, voilà mon principe...

La réponse était d'une modestie touchante;
et peut-être suffit-elle pour expliquer les variations politiques de Jean Jaurès : mais c'est
une excuse, ce n'est pas une solution. Où je
cherchais une doctrine, je ne trouvais plus
qu'une formule d'opportunisme honteux. La
méthode est ici de n'en suivre aucune. On
fait ce qu'on peut, quand on peut, comme
on peut... Et si l'on n'ose pas encore tout
demander à l'action directe, c'est qu'elle est
pratiquement impossible, comme elle est
théoriquement injustifiable ; elle va pour
l'heure jusqu'où elle peut aller, c'est-à-dire
qu'elle s'arrête au sabre du gendarme et au
poing du « flic ». Elle n'a d'autre mesure

que son impuissance — et d'autre règle
que la peur…

*
*   *

J'en étais là de mes réflexions, quand je
m'aperçus que j'avais oublié une cinquième
forme de l'action directe, dont l'expérience
nous a cependant prouvé l'efficace : je veux
parler du 18 brumaire et du 2 décembre. Si
Jaurès admet l'action directe du citoyen
Bousquet, pourquoi n'admet-il pas au même
titre l'action directe du citoyen Bonaparte ?

*
* *

Il y avait une fois un petit garçon qui n'é-
-tait pas sage. En classe, il n'écoutait pas
son maître. Il s'amusait bêtement à taillader
la table avec son couteau. Et ce n'était
même pas pour y graver son nom ; c'était
pour rien, par désœuvrement, et peut-être
aussi par un vague instinct de désordre, de
révolte et de destruction... Mécontent d'a-
voir trop de devoirs à faire, il s'en prenait,
lui aussi, à son instrument de travail. Il
« sabotait » la table, comme on dit.

L'ayant aperçu, le maître s'arrêta au milieu de sa leçon. L'enfant devint tout rouge ;
il croyait sans doute que le maître allait le
punir et lui confisquer son couteau. Mais il
n'en fut rien; le maître demanda seulement,
d'une voix douce :

— Sais-tu bien ce que tu fais là, petit
garçon ?

Surprise et curieuse, toute la classe

écoutait ce que le petit garçon allait répondre. Mais le petit garçon n'avait rien à répondre. Et le maître continua :

— Que penserais-tu d'un enfant qui don-
nerait un coup de couteau à son père, pendant son sommeil ?

Cette fois, le maître n'attendit point la
réponse, car elle n'était pas douteuse.

— Eh bien ! reprit-il, sans t'en rendre
compte, — et c'est ton excuse, mon enfant,
— tu viens de donner tout à l'heure des
coups de couteau à ton père endormi...

Les élèves se regardèrent, étonnés ; le
maître avait dit cela d'un ton si grave, si
convaincu, qu'aucun d'eux n'eut envie de
rire. Mais comme ils avaient tous envie de
comprendre, leur attention redoubla.

— Ecoutez, fit le maître ; je vais vous
raconter une histoire.

Et, en effet, il leur raconta la plus merveilleuse de toutes les histoires, car c'était
l'histoire de l'homme. Il dit les temps

obscurs où nos premiers ancêtres étaient
encore tout pareils aux animaux des forêts ;
il dit comment ils avaient appris, en tâton-
nant, à se servir de leurs mains débiles, et
comment peu à peu l'intelligence leur était
venue au bout des doigts. Pour rendre
sensible à ces enfants le progrès de la civilisation, pour leur faire mesurer les lentes
conquêtes de l'esprit sur la matière, pour
célébrer le superbe effort de la bête hu-
maine, qui, réalisant son rêve, se hausse
par degrés jusqu'au Dieu qu'elle a conçu,
cet instituteur de village sut trouver dans
son esprit et dans son cœur des mots exacts,
naïfs, émouvants. Il dit en quoi consiste
la solidarité ; il dit le labeur perpétuel
des mains innombrables, qui, d'une génération à l'autre, se passent la pioche et le
flambeau ; il dit tout ce que tous les hommes
se doivent les uns aux autres, et ce qu'ils
doivent à ceux qui ne sont plus, et ce qu'ils
doivent à ceux qui ne sont pas encore...

— La maison que voici, expliqua-t-il, est
l'œuvre commune de tous les hommes. Oui,
tous ceux qui travaillent, quelle que soit
leur besogne, ont contribué à la bâtir ; tous,
ils ont concerté leurs bras et leurs cervelles,
pour que notre demeure fût solide, saine et
confortable. Et ce ne sont pas seulement
les ouvriers d'aujourd'hui qui nous l'ont
faite, notre maison, mais toutes les généra-
tions d'artisans, qui se sont succédé sur la
terre, y ont laissé quelque chose de leurs
muscles et de leurs pensées... Regardez bien
ce mur, mes enfants, et vous y verrez, marquée dans la pierre, la pauvre main lourde,
aux doigts difformes, de notre misérable
aïeul, fils du pithécanthrope, qui édifia la
première hutte, faite de roseaux, de bran-
chages et de boue ; vous y trouverez les
empreintes de toutes les mains, qui, depuis
l'origine du monde, ont façonné la terre, la
pierre, le bois et le métal, pour vous faire
le nid tiède et douillet où vous ouvrez les

yeux, petits enfants. Regardez bien ce carreau, cette table, ce porte-plume, le plus
banal des menus objets qui vous entourent,
celui que l'usage a rendu le plus indifférent,
le plus vil ; tâchez maintenant d'imaginer
tout ce que cette chose représente de réflexions, d'expériences, de méprises, de dé-
couvertes et de perfectionnements ; imaginez
tout ce qu'il y tient de patience, de génie,
de sueur, de larmes et de sang, et lorsque,
dans l'objet le plus vulgaire, dans une table
ou dans une chaise, dans un pot, dans une
aiguille ou dans un clou, vous aurez appris
à lire comme un abrégé de l'histoire hu-
maine, vous serez émus d'admiration et
de reconnaissance en songeant à l'infini
d'intelligence et de travail que suppose et
résume la plus humble maison. Tout ce qui
est là dans ce cube de pierre, cristallisé
sous mille formes commodes, complaisantes
à nos mains et plaisantes à nos yeux, oui,
tout cela, c'est de la pensée, c'est de la vo-

lonté, c'est de la chair humaines ; ces choses
sont issues comme nous des œuvres de nos
parents, et nous n'avons pas plus le droit
de les détruire que nous n'avons le droit de
tuer un de nos frères...

*
*   *

Là-dessus, l'instituteur ouvrit la fenêtre.
C'était l'août. Les machines à battre ron-
ronnaient au loin dans la campagne blonde.
Et, montrant à ses élèves les moissonneurs
qui liaient des gerbes, le maître (vous ai-je
dit qu'il était socialiste ?) se mit à réciter ce
poème de Jean Jaurès :

N'est-ce pas l'homme aussi qui a créé le blé ?
Les productions que l'on appelle naturelles ne
sont pas pour la plupart — celles du moins qui
servent aux besoins de l'homme — l'œuvre spon-
tanée de la nature. Ni le blé ni la vigne n'exis-
taient avant que quelques hommes, les plus
grands des génies inconnus, aient sélectionné et
éduqué lentement quelque graminée ou quelque
cep sauvage. C'est l'homme qui a deviné dans

je ne sais quelle pauvre graine tremblant au
vent des prairies le trésor futur du froment. C'est
l'homme qui a obligé la sève de la terre à con-
denser sa plus fine et savoureuse substance dans
le grain de blé ou à gonfler le grain de raisin.
Les hommes oublieux opposent aujourd'hui ce
qu'ils appellent le vin naturel au vin artificiel, les
créations de la nature aux combinaisons de la
chimie. Il n'y a pas de vin naturel ; il n'y a pas
de froment naturel. Le pain et le vin sont un
produit du génie de l'homme. La nature elle-
même est un merveilleux artifice humain. Sully-
Prudhomme a surfait l'œuvre du soleil dans son
vers magnifique :

Soleil, père des blés, qui sont pères des races !

L'union de la terre et du soleil n'eût pas suffi à
engendrer le blé. Il y a fallu l'intervention de
l'homme, de sa pensée inquiète et de sa volonté
patiente. Les anciens le savaient lorsqu'ils attri-
buaient à des dieux, image glorieuse de l'homme,
l'invention de la vigne et du blé. Mais, depuis si
longtemps, les paysans voient les moissons suc-
céder aux moissons et les blés sortir de la se-
mence que donnèrent les blés, la création de
l'homme s'est si bien incorporée à la terre, elle
déborde si largement sur les coteaux et les plai-
nes, que les paysans, tombés à la routine, prennent pour un don des forces naturelles l'antique
chef d'œuvre du génie humain.

Et comment, en effet, sans un effort de l'esprit, s'imaginer de façon vivante que cette grande mer des blés qui depuis des milliers d'années roule ses vagues, se couchant, dorée et chaude en juin, pour redresser en mars son flot verdissant et frais, gonflé encore peu à peu en une magnifique crue d'or, comment s'imaginer que cette grande mer, dont les saisons règlent le flux et le reflux, a sa source lointaine dans l'esprit de l'homme ?

Et l'instituteur conclut :

— Méditez, mes enfants, cette leçon du poète. Celui qui nous enseigne de la sorte à voir partout l'œuvre de l'homme, celui-là nous enseigne du même coup à la respecter. Il n'y a plus sur la terre de choses inanimées ; par les champs et par les villes, tout est pénétré de notre âme, tout est vivant de notre vie. Voilà pourquoi briser un outil, c'est commettre un homicide ; faire sauter une machine, c'est faire sauter une cervelle ; et détruire le moindre épi, ce n'est pas un moindre crime : on assassine un grain de blé, comme on tue un enfant... Si vous rencontrez plus tard de ces mauvais ouvriers qu'on nomme « saboteurs », répétez-leur cela : c'est le poète Jaurès qui l'a dit.

La cloche sonna. Les élèves et le maître s'en allèrent. Mais le petit garçon, qui n'était pas sage, resta tout seul dans la classe après les autres, comme s'il avait oublié quelque chose. Il s'assura que personne ne le voyait, et, se mettant à genoux sur le banc, il inclina la tête vers son pupitre. Il considéra tristement la vilaine entaille qu'il y avait faite, irréparable dommage...

— Pardon, murmura-t-il, pardon, mon père !

Et, sur la blessure fraîche, le petit garçon baisa la table en pleurant...

Table des Matières

Prologue

Première partie

LA SYSTOLE

Deuxième partie

LA DIASTOLE

Paris. — Imp. PAUL DUPONT, 144, rue Montmartre (2ᵉ Arrᵗ.). 399.5.07

www.ingramcontent.com/pod-product-compliance
Lightning Source LLC
Chambersburg PA
CBHW070747270326
41927CB00010B/2097